In Liebe

widme ich dieses Buch
Reinhard und Simon

Ich bedanke mich herzlich bei

meiner Familie,
Werner, Beate und Ingrid
und allen Menschen, die mich durch ihre
positiven, starken Gedanken unterstützten,

den Ärzten für ihre ganzheitliche Betreuung,
meiner persönlichen Wegbegleiterin Amala.Kohler
und denen, die mir auf meinem Weg nach innen
nahe waren,

denen, die mich bei dem Buch
engagiert unterstützten:
Susanne Kessen
Kerstin Rudolph
Ursula von Berg

Elisabeth Lückheide

Ich habe mir einen Olivenbaum versprochen

Verlag Peter Erd · München

Die Deutsche Bibliothek – CIP–Einheitsaufnahme

Lückheide, Elisabeth:
Ich habe mir einen Olivenbaum versprochen /
Elisabeth Lückheide. – München : Erd, 1995
ISBN 3-8138-0368-6

4. Auflage 1997
Umschlaggestaltung: B.K.S. Werbeagentur GmbH, München
Lektorat: Annette Nolden-Thommen M.A.
Redaktion: Dr. Sabine Klöhn-Tuttas

Fotosatz: Die Top Partner, Odelzhausen
ISBN 3-8138-0368-6

I

Krebs verändert.

Er verändert meine Gewohnheiten, mein äußeres Leben, mein Inneres. Ich bin nicht mehr die gleiche, ich bin eine andere. Ich lerne mich neu kennen. Ich lerne mich neu leben. Ich lerne, entscheiden zu müssen, ob ich leben will.

Ich will.

Ich habe in meinem Leben zweimal Krebs gehabt und erst beim zweiten Mal diese Krankheit als Chance betrachtet, als Möglichkeit eines Neubeginns.

Im Frühling 1988 wurde ich zum ersten Mal mit der Krankheit konfrontiert. Mein Leben zeichnete sich durch große berufliche Erfolge, eine lebendige Ehe, meinen aufgeweckten dreijährigen Sohn und äußeren Wohlstand aus. Für mich war es ein erfülltes Leben. Den Streß und die wenige freie Zeit für mich betrachtete ich als einen fairen Preis. Ich fühlte mich wohl, sah keine Notwendigkeit, mein Leben zu hinterfragen, sondern freute mich daran. Mein Lebenszentrum waren Herausforderungen im Beruf, Erfolge, Reisen, Gespräche, Begegnungen mit interessanten Menschen. Es war ein Leben zum Vorzeigen.

Eigentlich war ich ganz zufrieden.

So war ich zuerst nur sehr verblüfft, als ich kurz vor unserem geplanten Sommerurlaub in meiner rechten Brust eine Veränderung spürte. Die Verhärtung war schon die ganzen Jahre da. Ich hatte mir aber bisher nichts dabei gedacht. Doch jetzt wurde ich plötzlich nachdenklich, denn die verhärtete Stelle wurde größer.

Mein Terminkalender war voll. Irgendetwas in mir drängte aber, mich noch vor meiner Urlaubsreise untersuchen zu lassen. Die Ärztin blieb ganz ruhig, als sie meine Brust abtastete.

»Wir müssen sofort eine Röntgenaufnahme machen.«

Das Röntgenbild sah offensichtlich nicht gut aus. Sie telefonierte gleich mit dem zuständigen Professor unseres örtlichen Krankenhauses. Der Befund schien ernst zu sein. Ich sollte sofort operiert werden.

»Das geht doch nicht. Ich habe Geschäftstermine, wichtige Projekte, und vor dem Urlaub herrscht im Büro sowieso große Hektik. Was da noch alles zu erledigen ist.« Nein, dieser Krankenhaustermin paßte absolut nicht in meinen Zeitplan.

Eigenartig, ich hatte gar keine Angst vor dem bevorstehenden Eingriff. Ich war in Gedanken vielmehr damit beschäftigt, wie ich den Krankenhausaufenthalt mit meinem Job in Einklang bringen konnte. Ich handelte noch zwei Tage aus, in denen ich im Büro alles regeln konnte, und meldete mich am dritten Tag im Krankenhaus. An Krebs dachte ich nicht.

Die Operation verlief gut. Der Knoten war entfernt. Wir warteten auf den Befund. Ich dachte an nichts Böses, doch ich erlebte eine Überraschung.

Ohne daß einer der Ärzte das Wort Krebs erwähnte – ihr Verhalten mir gegenüber war sehr feinfühlig und behutsam –, riet man mir, meine Brust so rasch wie möglich amputieren zu lassen.

Da wußte ich: Es war Krebs.

Am Abend besuchte mich mein Mann. Ich berichtete ihm ganz ruhig, was geschehen war. Ich war nicht erschüttert, weinte auch nicht. Ich entschied mich für die Amputation, ohne Tränen, ohne Wehklagen. Meine Vorstellung war: mit dieser zweiten Operation wird der Krebs »weggeräumt«. Ich wollte und konnte nicht mit dem Gedanken leben: *Krebs ist in mir.*

Ausschlaggebend für meine gute seelische Verfassung war die Aussage meines Arztes: »Ja, Sie können nach der Operation wieder in Ihren Beruf zurück und Ihr gewohntes Leben weiterführen.«

Ich hatte nur die eine Frage an ihn gestellt: »Kann ich meinen Beruf weiter ausüben?« Mein Beruf war mein Leben. Ich liebte meinen Job, die Firma, die große Familie, dieses wundervolle Unternehmen.

In der Nacht vor der Operation war ich sehr ruhig, ich dachte über vieles nach. Über mein Kind, meine Ehe und meinen Beruf.

›Wenn alles gut geht, dann möchte ich in sieben Wochen wieder an meinem Schreibtisch sitzen und meine Tätigkeit fortsetzen. Meine Kollegen werden die Stellung schon halten. Alles wird gut werden.‹ Mit diesem Gedanken schlief ich ein.

Die zweite Operation war nicht ganz einfach. Ich fühlte mich ziemlich elend danach. Noch angeschlossen an Infusionsflaschen und Schläuchen machte ich meine ersten Gehversuche zum Spiegel. Wie sah ich aus? Ich war erstaunt. Die Amputation war »schön« geworden. Ein kleiner Schnitt, ein flacher Busen, so schlimm empfand ich das gar nicht.

›Damit kann ich leben‹, dachte ich, griff dann ruhig zu meinen Schminksachen, tuschte mir die Wimpern, puderte das Gesicht, trug Lippenstift auf, lächelte mir zu: ›Du siehst ganz gut aus.‹

Mein ›Ja‹ zum Leben.

Zurück im Bett zuerst die Frage: Ob es mir wohl gelingen wird, daß eine Krankenschwester mir das Haar wäscht? Sie wusch mir das Haar. Schnell zurück in die Normalität!

Und mein Mann? Reinhard half mir, wie er nur konnte, und verwöhnte mich. Wenige Tage nach der Operation fand sich in meinem Krankenzimmer ein Meer von Blumen. Wohin ich schaute, Blumen über Blumen. Dazwischen mein Mann und mein Sohn. Mit meinem Mann schmiedete ich bereits wieder Zukunftspläne und mit meinem Sohn Simon spielte ich mit bunten Luftballons.

Trotz der großen Schmerzen, die eine solche Operation mit sich bringt, und der starken Medikamente versuchte ich, heiter zu leben. Ich freute mich an den herrlichen Blumen, hörte schöne Musik, tauchte ein in mein »Hollywood-Buch«, das mir Susanne, meine liebe Kollegin, geschenkt hatte, und ließ mich amüsiert von den Skandalgeschichten der Filmwelt ablenken.

Wenn ich Besuch erhielt oder telefonierte, interessierte mich die Welt draußen. Ich ließ mir vom Büro, von Freunden und Bekannten erzählen, machte Termine aus und verplante auch im Krankenhaus mein Leben. Ich war damals nicht in der Lage, mich mit dem Thema Krebs zu beschäftigen. Weder konnte ich Fachbücher darüber lesen noch tiefergehende Fragen dazu stellen. Ich freute mich einfach meines Lebens. Die Krankheit war für mich erledigt. So schrieb ich in mein Tagebuch: »Ich lebe, es ist wunderbar! Ich schaue aus dem Fenster. Am Abendhimmel steht eine große weiße Sonne, wie ich sie noch nie gesehen habe. Ich schließe die Augen, lasse mich einhüllen von den warmen Strahlen. Danke für das Leben. Es ist ein Geschenk.«

Mein Verstand hat sich damals der Botschaft, die mir der Krebs sandte, verschlossen, meine Seele wurde zum Schweigen verdammt.

Ich wollte nicht hinter die Kulissen schauen, mir nicht die Frage stellen »warum« und »wieso«. Ich wollte weiter auf der Bühne stehen, vorne, im Rampenlicht, wo Leben und Bewegung sind. Ich wollte mein Leben weiterführen. Die Krebserkrankung war für mich wie ein Betriebsunfall, den ich rasch vergessen wollte.

Ich beschloß, nach der Entlassung keine übliche Kur zu machen, sondern mit meiner Familie drei herrliche Wochen in einem schönen Hotel in Bad Reichenhall, in den Alpen, zu verbringen. Das tägliche Aqua-Training bei einer Bewegungstherapeutin und die Lymphdrainage sollten mich wieder fit machen, damit ich anschließend regeneriert in mein vertrautes pulsierendes Leben zurückkehren konnte.

Das gelang.

Nach sechseinhalb Wochen kehrte ich an meinen Schreibtisch zurück. Susanne half mir sehr viel in dieser Zeit und auch danach.

Und alles ging gut! Fünf Jahre lang!

Ein Jahr nach der Amputation, im Frühjahr 1989

Ich unterzog mich erneut einer Operation, freiwillig, denn es handelte sich um ein Silikon-Implantat für meine amputierte Brust. Der Eingriff erwies sich ähnlich schmerzhaft wie zuvor die »eigentliche« Operation; doch nun hatte ich wieder zwei Brüste. Ich freute mich darüber, weil ich nach dem Eingriff wie früher Kleidung mit großzügigem Dekolleté tragen konnte. Ich bevorzugte weit ausgeschnittene T-Shirts und Hemdchen. Zum einen, weil ich mich freute, mich so kleiden zu können, aber auch, um meinen Mitmenschen zu demonstrieren: Diese Krankheit schränkt auch optisch nicht ein.

Da ich meine Umwelt privat und beruflich bat, mich *nicht* zu schonen, sondern mich als gesund zu betrachten, und ich offen über den Brustkrebs sprach, verloren sich rasch die anfänglichen Berührungsängste der anderen. Mein Mann verhielt sich in dieser Zeit aufmerksam und mir zärtlich zugewandt.

In dem Bewußtsein, gesund zu sein, gestalteten sich die folgenden Jahre wie gewohnt: Weiterhin hohe berufliche Anforderungen mit langen Arbeitstagen, dazwischen – wie ich es heute sehe – zuwenig Zeit für meine Ehe, meinen Sohn und die privaten Unternehmungen.

Wir besitzen im Süden ein Ferienhaus. Für wenige freie Wochen im Jahr freuen wir uns immer herzlich, dort sein zu können und die Ruhe zu spüren, die Stille zu erleben – wie ein Aufatmen.

Aber wenige Wochen Ruhe im sonstigen Trubel reichten wohl nicht.

Das bekam ich Jahre später zu spüren.

Sage ja
zu den Überraschungen,
die deine Pläne
durchkreuzen,
deine Träume
zunichte machen,
deinem Tag eine ganz
andere Richtung geben,
ja, vielleicht deinem Leben.
Sie sind nicht Zufall.
Laß dem himmlischen Vater
die Freiheit,
selber den Verlauf deiner Tage
und Jahre zu bestimmen.

Alt-Erzbischof Dom Helder Camara

II

Im Winter 1992

entdeckte ich an meiner Wange einen Knoten, den ich jedoch nicht weiter ernst nahm. Mich ärgerte nur, daß mein Aussehen dadurch beeinträchtigt war, und ich erinnerte mich, daß auch meine Großmutter einen Knoten im Gesicht hatte. So dachte ich nicht an eine ernsthafte Erkrankung. Doch der Knoten wuchs.

Ich fühlte mich körperlich und seelisch nicht gut in dieser Zeit. Mein Rücken tat oft weh, ich war müde, hatte Heißhunger auf Süßes, und meine Gedanken waren nicht mehr so positiv wie früher. Ich war traurig, ohne so recht zu wissen warum. Es hatte aber mit meinem Beruf zu tun.

Wir hatten im Büro viel Arbeit in dieser Zeit. Eine große Jugendkampagne lief an. Die Aufgabe war spannend, und die Kampagne wurde ein Erfolg. Wie immer tat ich meine Arbeit mit Begeisterung. Was meine Seele aber belastete, waren wieder aufflammende Positionskämpfe im Unternehmen, obwohl ich davon nur mittelbar betroffen war.

Von unserem geplanten Osterurlaub 1993 in Spanien erhoffte ich mir Erholung und neue Kraft. Doch es sollte anders kommen.

Im Süden bekam ich Schmerzen. Bereits in der ersten Nacht mit einer Wucht, einer Vehemenz im Bereich meines Herzens, daß ich nicht wagte, meinen Körper zu bewegen.

Ich bekam Angst – große Angst – und erlebte eine der nachdenklichsten Nächte meines Lebens, ich litt. Ich dachte an Herzinfarkt. Mein Mann war voller Sorge.

Zum ersten Mal in unserer Ehe fühlten wir unser Zusammenleben bedroht, wir sahen uns voller Erstaunen an. Sogar das Wort TOD kam mir über die Lippen. Wir erkannten, daß alles seine Zeit hat, daß es Grenzen gibt.

Die darauffolgenden Tage waren traurig für uns drei. Mein Mann kümmerte sich rührend um unseren Sohn Simon, ich grübelte und ruhte. Früher als geplant traten wir die Rückreise nach Deutschland an, denn ich wollte zum Arzt gehen. Ich hatte gelernt, mich ganz behutsam zu bewegen, die Schmerzen waren dann erträglich, zuweilen war mein Befinden leidlich gut.

Im Büro »vergaß« ich die Schmerzen, war abgelenkt, stand wieder unter Strom, und tatsächlich ging es mir bald wieder besser. Den fälligen Arztbesuch verdrängte ich zunächst.

An einem Abend, nach einem langen Arbeitstag, saßen wir einige Wochen später wieder einmal zusammen, als es plötzlich aus mir herausbrach.

»Reinhard, ich halte das nicht mehr aus. Ich kann so nicht weiterleben.«

Mein Mann schaute mich ungläubig an.

»Was ist denn jetzt schon wieder los?« fragte er.

Ich merkte, das Thema war ihm unangenehm. Ich hatte in den letzten Wochen immer wieder versucht, mit ihm darüber zu sprechen. Aber ich konnte mich nicht richtig ausdrücken, nicht verdeutlichen, was mir eigentlich fehlte. Wahrscheinlich, weil ich es selber gar nicht so genau wissen wollte. Klar war nur, daß irgend etwas ganz und gar nicht stimmte. Seit dem Vorfall in Spanien, als ich diese unendlichen Schmerzen im Brustbereich hatte, war ich voller Angst.

»Ich kann nicht mehr, ich werde krank, ich spüre, daß da etwas kommt, ich weiß zwar nicht was, aber irgend etwas wird geschehen. Ich habe Angst – große Angst!«

Nun war Reinhard gänzlich verwirrt. Ich, seine starke Elisabeth, sollte sich plötzlich fürchten, sollte nicht mehr können? Das begriff er nicht.

»Was hast du denn? Was ist es, das dich so tief erschüttert?«

»Die Machtkämpfe im Büro, die Spiele der Erwachsenen«, antwortete ich erregt, Tränen in den Augen.

»Aber das war doch immer so, ist überall so und wird immer so bleiben«, erwiderte Reinhard. »Du bist die ganzen Jahre ganz gut damit fertig geworden.«

»Ja, das weiß ich, aber jetzt werde ich nicht mehr damit fertig, es ist schlimmer geworden.«

Was sind das für Gedanken in letzter Zeit. Gedanken an den Tod, die mir immer wieder durch den Kopf gehen, ich habe Angst um mein Leben. Reinhard gegenüber schweige ich dazu. Und mein Kind, der Junge ist acht Jahre alt, er braucht mich noch. Er braucht eine gesunde und fröhliche Mutter.

Wenn ich darüber nachdenke, dann war dieses gesunde Kind, das nie Probleme hatte, Anfang des Jahres 1993, vor seinem achten Geburtstag, zum ersten Mal ernsthaft krank. Er hatte wochenlang starke Magenschmerzen, und wir und die Ärzte wußten uns nicht mehr zu helfen. War doch alles in Ordnung! In der Schule und bei uns zu Hause.

Einen Tag vor seinem Geburtstag wurde bei Simon eine Magenspiegelung durchgeführt und dabei festgestellt, daß das Kind eine Magenschleimhautentzündung hatte. »Das ist doch nicht möglich«, sagten die Ärzte, »das gibt es eigentlich nicht bei Kindern in diesem Alter.« Es war aber so.

Beunruhigt stellte ich mir die Frage, ob sich meine traurigen Gedanken auch auf das Kind übertragen konnten. Er hatte diese Magenprobleme seit dem Zeitpunkt, als bei mir die Wucherung vor meinem rechten Ohr zu wachsen begann. Das wäre ja schrecklich, wenn ich mein Kind in meine Probleme mit hineinziehen würde – das wäre unverantwortlich.

Simon und ich sind uns sehr nahe. Ich möchte Simon viel mitgeben für sein Leben – Stärke, Freude, Geradlinigkeit.

Es mußte sich etwas ändern! Ich wußte nicht mehr weiter!

Ich ließ Reinhard alleine, beschloß, früh schlafen zu gehen, am nächsten Morgen wollte ich fit sein zur Präsentation unseres neuen Produktes, an dem ich mit großer Freude arbeitete. Die Kampagne sollte gut werden wie alles, was ich anpacke. Wieder ein Erfolg – ich liebe den Erfolg.

Schmerz ist der Arzt, auf den wir am meisten hören.
Der Güte und der Weisheit machen wir nur
Versprechungen,
dem Schmerz aber gehorchen wir.

Marcel Proust

III

Frühjahr 1993

Mein Knoten an der Wange war weiter gewachsen. Rasch und sichtbar. So beschloß ich, ihn doch einmal untersuchen zu lassen. Ich konsultierte einen Arzt, der mir zu einer Gewebeprobe riet. Innerhalb der nächsten Wochen wurden zwei solcher Proben entnommen. Die Untersuchung schloß auch eine Röntgenaufnahme und ein Knochenszintigramm mit ein.

Als mich der Arzt im Büro anrief und mir mitteilte, daß man etwas gefunden hatte, daß der »Kiefernköpfchen-Knochen« *befallen* war und daß er deshalb auf sofortige weitere Untersuchungen drängte, dachte ich noch immer nicht an Krebs. Heute glaube ich, ich wollte nicht an Krebs denken.

Doch ich sollte eines Anderen belehrt werden.

Als der behandelnde Arzt nach einer Ganzkörper-Tomographie auf dem Skelettbild an der Rippe eine große dunkle Stelle erkannte, fragte er zu meiner Verblüffung, ob ich einen Sportunfall gehabt hätte. Ich verneinte und bemerkte seinen ratlosen Blick. In diesem Augenblick wußte ich, er verschweigt mir den wahren Befund.

Erst nachdem ich dann an meinen damaligen Operateur und Gynäkologen überwiesen wurde, verstand ich endlich den Ernst meiner Situation. Erfuhr, daß ich Knochenmetastasen am Kiefer und an der vierten Rippe hatte.

Noch jetzt spüre ich seinen fragenden, ernsten Blick und höre seine ruhige Stimme:

»Ich sehe Sie nicht gerne hier.«

Mein Professor erklärte mein Krankheitsbild, verwies auf konstruktive Therapiemöglichkeiten und empfahl, da mein damaliger Tumor an der Brust hormonrezeptorpositiv (d. h., das Wachstum dieses spezifischen Tumors kann durch eine Therapie mit bestimmten Hormonen gehemmt werden) war, mit einer Anti-Hormon-Therapie zu beginnen. Auf meine zögerliche Frage, ob ich arbeiten könne, entgegnete mir der Arzt: »Beseitigen Sie bitte alles Negative, leben Sie die schönen Dinge, die Ihnen wirklich Freude bereiten. Überlegen Sie sich, ob Sie an zwei Fronten kämpfen können. Wenn Sie das tun, verkürzen Sie Ihr Leben. Ich an Ihrer Stelle würde jetzt auf keinen Fall arbeiten.«

Dann erklärte er mir, daß es Menschen gibt, die es mit diesem Krankheitsbild – unter der Voraussetzung, daß keine weiteren Metastasen mehr festgestellt werden – noch zehn Jahre schaffen; anderen gelingt es nicht. Während ich dem Arzt zuhörte, entschied ich innerlich, sofort meinen Beruf aufzugeben – alles mir Mögliche zu tun, diese Krankheit zu besiegen und länger als zehn Jahre zu leben.

Ich lief nach Hause. Es war ein schöner Tag. Die Sonne brannte heiß und der Duft der Rosen, die den langen Gartenzaun vor dem Krankenhaus umrankten, stieg mir in die Nase. Die Welt ist so schön, ein Paradies – und ich soll bald sterben? Nein, das darf nicht geschehen.

Was wird aus meinem Sohn? Er ist doch noch so jung, er braucht mich. Und mein Mann, was wird aus ihm? Und was wird aus mir – krank und ohne meinen geliebten Beruf?

›Ich will leben! – länger als die Prognose es vorsieht. Ich schaffe das. Ich will den Krebs besiegen und glücklich sein.‹

Immerfort diese Gedanken wiederholend, lief ich nach Hause. In fröhlicher Runde saßen meine Eltern, mein Bruder Werner, meine Schwägerin Beate und warteten auf mich. Ich schaffte es kaum, die gute Stimmung mit meiner traurigen Nachricht zu unterbrechen. Betroffenheit, stilles Weinen. Sie werden mir beistehen, das wußte ich.

Als mein Mann gut gelaunt aus dem Büro kam, konnte er die Nachricht nicht fassen. Wir weinten viel an diesem Abend.

»Du schaffst es und ich werde Dir helfen, so gut ich kann.« Mein Mann schloß mich in seine Arme, und wir hofften beide, den Krebs zu besiegen.

Mein zweitletzter Arbeitstag. Mein Terminkalender war wie immer voll. Am Nachmittag ein entscheidendes Meeting mit externen Geschäftspartnern und dem Vorstand über die Einführung unseres neuen Produkts. Es hing viel von diesem Gespräch ab.

›Ich muß heute gut sein, keine Schwäche zeigen, das Ziel erreichen, das wir uns gesetzt haben‹, prägte ich mir am Morgen ein. An diesem Tag zog ich meine Lieblingsgarderobe an. Meinen langen Seidenrock, ein Hauch von einem Kleidungsstück, ein Shirt und mein pinkfarbenes Jacket. In diesen Sachen fühlte ich mich wohl.

›Ich will heute stark sein, stark sein wie immer‹, war mein einziger Gedanke.

Das Meeting lief gut. Das Ziel war erreicht. Ein großer Erfolg – zum Abschied.

Danach, es war sehr spät geworden, fand das persönliche Gespräch bei meinem Vorstand statt, das ich erbeten hatte, um ihn über meine Krankheit und die daraus entstehenden Konsequenzen zu informieren. Meine Therapie begann übermorgen, und ab diesem Zeitpunkt war ich für unbestimmte Zeit krankgeschrieben.

Er war sehr betroffen.

»Wenn es jemand schafft, dann sind Sie es«, sagte er und wünschte mir die Kraft, um mit der Krankheit fertigzuwerden.

Der Abschied fiel mir schwer, denn er war es gewesen, der mich in jungen Jahren gefördert und gefordert hatte und dem ich in besonderem Maße meine Karriere zu verdanken habe. Seine Worte machten mir Mut.

Der letzte Tag im Büro. Wie sollte ich den nur überstehen? Bloß nicht weinen, kein Zusammenbruch, nicht in der Firma.

Ich wünschte mir einen leichten Abschied. Bitte keine Trauer, bloß keine Trauer, es wird doch alles wieder gut. Es ist immer alles wieder gut geworden. Und ich will doch leben, und ich schaffe es auch. Mit diesen Vorsätzen ging ich an meinen Schreibtisch.

Ein hektischer Tag. Das war gut so. Alle meine Projekte mußten an Nachfolger, mit denen ich die weitere Umsetzung besprach, übergeben werden. Meine Mitarbeiter halfen mir sehr an diesem

Tag. Mit einem Lächeln wurde ich morgens empfangen, der Kaffee schmeckte wie immer, und wir machten uns an die Arbeit, so, als ob nichts geschehen wäre. Eine Besprechung nach der anderen. Ein ganz »normaler« Tag. Am Abend kam Susanne bei mir vorbei, fröhlich wie immer brachte sie Stimmung mit.

»Ich helfe dir beim Packen und deine schönen Tulpen (sie waren aus Plastik, aber trotzdem schön und zierten meinen Schreibtisch schon seit Jahren), die nehme ich für meinen Schreibtisch mit. Die verwahre ich für dich, bis du wiederkommst.«

Arm in Arm verließen wir tapfer lächelnd, doch auch sehr traurig, mein Büro. Das sollte es gewesen sein? Benommen ging ich nach Hause.

Am nächsten Tag begann die Hormontherapie, die sich weniger unangenehm erwies als befürchtet. Ich bereitete mich auf das ungewohnte »Hausfrauen-Dasein« vor. Wir gestalteten unser Leben so harmonisch wie möglich, sprachen offen mit Freunden über die Krankheit. Ich hatte meinen Knochenkrebs zu akzeptieren begonnen, mir angewöhnt, mit ihm zu sprechen, betrachtete die Therapie positiv und begann, die Freuden im bescheidenen Haus-Alltag zu finden. Wir bekamen eine Mieterin für unsere Einliegerwohnung.

Urlaubsgefühl daheim. So war ich ganz zufrieden mit dem Leben, ebenso mein Mann, besonders natürlich mein inzwischen achtjähriger Sohn, der es redlich nutzte, daß seine Mutter plötzlich viel Zeit für ihn hatte.

»Mama, jetzt liebe ich dich noch viel mehr! Mama, du hast Krebs, aber es ist herrlich, daß du zu Hause bist!« Das war sein Geschenk für mich. So wußte ich nun von Vogelnestern im Garten, dem Treiben eines Eichhörnchens und den vielen anderen wichtigen Erlebnissen eines Kinderlebens.

Meine Klinik- und Untersuchungstermine hielt ich pflichtbewußt ein. Einen Schock sollte ich im Juni 1993 erleben, als man mir mitteilte, daß zu den übrigen Befunden auch noch Lungenkrebs diagnostiziert wurde. Diesen Krebs lehnte ich mehr als jeden anderen Befund ab.

Ich verstand es nicht. Ich rauchte nicht, lebte gesund, machte regelmäßig Sport. Warum dann Lungenkrebs? Warum auch noch das?

Seelisch brach für mich eine Welt zusammen, ebenso für meinen Mann.

Von diesem Krebs wußten wir, daß sich Krebszellen im Lungenorgan viel rascher ausbreiten können als an den Knochen; daß es sich um einen besonders gefährlichen Krebs handelt.

»Den Lungenkrebs verkrafte ich nicht.« Ich war wie ohnmächtig und spürte, wie meine Kraft nachließ. Körperliche Schmerzen stellten sich ein, wahnsinnige Schmerzen, ich konnte mich kaum mehr bewegen. Die Schmerzen damals in Spanien, als ich an Herzinfarkt glaubte, waren nur Vorboten gewesen.

Die Schmerzen verstärkten die seelische Niedergeschlagenheit. Ich hatte in diesen Tagen das Gefühl zu fallen, stetig zu fallen, ohne einen Halt zu erkennen. Diesen Krebs wollte ich nicht annehmen. Ich entwickelte geradezu Haßgefühle gegen ihn, und die Frage »WARUM?« stellte ich oft.

Hilfesuchend machte ich wieder einen Termin mit meinem Professor aus. Er gab mir Schmerzmittel.

»Für Ihre Psyche ist es gerade jetzt sehr wichtig, so schmerzfrei wie möglich zu leben.«

So nahm ich die niedrigste Dosis des Medikaments, doch irgend etwas sträubte sich dagegen, mich mit dem starken Mittel »vollzupumpen«.

Ich wollte durch die Tabletten in meinem Wahrnehmungsvermögen nicht beeinträchtigt sein. Die Schmerzen ließen kaum nach.

Hinzu kam, daß sich in den folgenden Tagen meine Augenlider auf äußerst unangenehme Weise entzündeten, was nicht nur ein weiteres körperliches Unwohlsein bedeutete, sondern auch meine Eitelkeit störte. Ich wollte nicht krank sein.

Es kostete mich große Überwindung, unter Menschen zu gehen. Zum Glück war es sommerlich warm, und es gab Sonnenbrillen.

Als weitere Maßnahme wurde aufgrund der starken Schmerzen

begleitend zur Hormontherapie eine Bestrahlungstherapie eingeleitet. Ich wollte auch diese weitere Therapie dankbar annehmen, alles versuchen, was den Krebs bezwingen konnte.

In diesen Tagen, an denen ich außer zu kleinen Spaziergängen zu nichts anderem fähig war, war ich sehr froh, daß Regina, unsere Haushälterin, noch da war.

Sie, die sich die letzten zwei Jahre so lieb um Simon und meinen Haushalt gekümmert hatte, wollte noch einen Monat bei uns sein und erst dann ihre neue Stelle in einem Altenheim antreten. Daher übernahm sie wie gewohnt die Hausarbeit und unterstützte mich, wo es nur ging.

Wieder mußte Simon Abschied nehmen. Er mochte Regina sehr gerne. Vor zwei Jahren hatte er den Abschied von seiner Petra erlebt, die ihn davor sechs Jahre begleitete. Sie war seine »Ersatzmutter«, wie wir sie liebevoll nannten. Petra kam zu uns, als Simon drei Monate alt war. Ich blieb damals nach der Geburt meines Sohnes nur fünf Monate zu Hause und übernahm dann wieder meinen Job – ohne Einschränkungen.

Ich wollte immer ein Kind haben, denn ich liebe Kinder sehr. Doch deshalb meinen Beruf aufzugeben, war nie ein Thema für mich. Ich wollte beides verbinden. So wurde ich relativ spät, im Alter von 35 Jahren, auf dem Höhepunkt meiner beruflichen Karriere Mutter.

Unsere Petra konnte alles. Sie war trotz ihrer Jugend der perfekte Haushaltsvorstand. Oft dachte ich, sie ist eine bessere Mutter als ich. Simon genoß es, »zwei Mütter« zu haben. Am Abend und am Wochenende war ich ganz für ihn da und sonst Petra. So hatte ich nie den Eindruck, daß Simon etwas fehlte. Wir, mein Mann und ich, und ich glaube auch Simon, wir waren alle glücklich mit dieser Lösung.

Leben heißt Abschied nehmen.

Solche Gedanken gingen mir durch den Kopf, als ich zur Strahlentherapie ging.

Der Arzt der Strahlenabteilung nahm sich viel Zeit für unser

Gespräch. Er hörte mir einfach zu. Dann erklärte er mir in Ruhe, was wir jetzt »gemeinsam« mit der Strahlentherapie gegen meinen Krebs tun könnten. Das beruhigte mich.

So marschierte ich täglich zum Krankenhaus, um meine Rippe und meinen Kieferknochen bestrahlen zu lassen. In dieser Zeit sah ich ganz schlimm aus. Wochenlang hatte ich verquollene Augen.

Bei der Strahlentherapie ist es ein eigentümliches Gefühl, auf dem Röntgentisch zu liegen. Über dir werden Röhren auf die entsprechenden Körperpartien eingestellt, die zuvor – im wahrsten Sinne des Wortes – gezeichnet wurden, dann bleibst du allein liegen, während die Apparatur von außen bedient wird. Anschließend verspürte ich oft eine leichte Übelkeit. Mein Körper fühlte sich heiß an, und ich brauchte circa eine Stunde Ruhe, bis es mir wieder besser ging.

Auch in dieser Abteilung des Krankenhauses herrschte eine gute Atmosphäre. Die Ärzte und Schwestern waren sehr nett, und wir wechselten gerne mal ein paar Worte miteinander.

Im Warteraum saßen Patienten, die wahrscheinlich alle – wie ich – sehr krank waren. So war die Stimmung hier nicht gerade fröhlich. Mir fiel eine junge Frau auf, sie kam täglich wie ich, die recht ausgeflippt aussah. Sie trug eine große Schildmütze. Als ich näher hinschaute, sah ich, daß die Frau nur noch ein wenig Flaum auf dem Kopf hatte, sie hatte ihre Haare verloren. Bloß das nicht! Mich fröstelte.

Als ich mich mit einem freundlichen Mann, der neben mir saß, ganz offen über meinen Krebs und mein Leben unterhielt und dabei lachte, war die stille Antwort vieler Augenpaare: »Hier gibt es nichts zu lachen.« Aber warum soll man dauernd ernst sein, wenn man krank ist, ging es mir durch den Kopf.

Ich möchte fröhlich sein, jeden Tag genießen, als ob es der letzte wäre.

Mein Krebs bewegte mich sehr. Ich wollte ihn sehen. Wo war er in meinem Körper, wo begann er, mich zu zerstören. Wo hatten meine Feinde ihr Lager? Ich bat den Arzt, mir doch Einblick in meine Röntgenaufnahmen zu geben. Die Bitte wurde mir erfüllt. Ich hatte nun ein inneres Bild der erkrankten Körperpartien und schrieb am selben Abend in mein Tagebuch:

»Ich habe den großen Wunsch, in einem Jahr meinen Krebs besiegt zu haben. Ich träume davon, in einem Jahr eine Aufnahme zu sehen, die keine Krankheitsspuren mehr aufweist. Ich glaube an ein Wunder. Meine »Krieger« werden die Feinde, den Krebs vernichten.«

Ich spürte wieder Lebensgeister in mir aufsteigen und begriff, daß es auch an mir lag, Möglichkeiten zur Heilung zu suchen. Ich suchte – und begann zu finden.

Anfänglich unterhielt ich mich oft mit meinen drei Krebsen, erklärte ihnen, daß ich sie als Signale betrachtete, um aus ihnen zu lernen, und beendete diese Monologe: »Ihr habt bei mir für euren »Unterricht« ein Jahr Kost und Logis, dann verschwindet ihr aber wieder!«

Durch diese Gespräche betrachtete ich die Krankheit als eine Art »Lehrer« und begann zu »büffeln«, offen zu werden – auch für Heilungstechniken der verschiedensten Art.

Deine Nahrung sei Dein Heilmittel
Dein Heilmittel sei Deine Nahrung.

Hippokrates

IV

Mai 1993

Den ersten Kontakt zu neuen Formen des Umganges mit Krebs vermittelte mir mein Mann. Über Susanne erfuhr er, daß der Vater einer gemeinsamen Kollegin als Krebsspezialist über zehn Jahre an einer bekannten Klinik tätig gewesen war.

Meine Kollegin begleitete mich zu ihrem Papa, einem sympathischen aktiven alten Herrn, von dem ich erfuhr, daß jede Krankheit ihr eigenes Wesen hat, das wiederum die Konzeption der Behandlung bestimmt. Der Arzt erklärte mir die Zusammenhänge der Krankheit Krebs so spannend, daß ich ihm einen ganzen Nachmittag interessiert zuhörte.

Krebs sei keine lokale, sondern eine allgemeine Erkrankung, die nicht nur mit lokal wirksamen Waffen bekämpft werden müsse, sondern zur Heilung eine umfassendere Therapie erforderte. Der Krebstumor ist nicht der Anfang und die Ursache der Krankheit, sondern das End-Symptom eines sich über lange Zeit entwickelnden krankhaften Geschehens, das im ganzen Organismus stattfinde. Zum Krebs selbst könne es erst kommen, wenn die Abwehrkräfte des Organismus durch krankmachende körperliche, geistige oder seelische Faktoren so geschädigt sind, daß sie das Entstehen und die Vermehrung von Krebszellen nicht mehr verhindern können. Diese Abwehrschwäche macht den Weg frei für die Bildung von Tumoren.

Deshalb sei es ganz wichtig, die individuellen Ursachen, die zum Versagen der Immunabwehr und zur Ausbildung der Krebszellen geführt haben, zu finden und zu beheben.

Die konventionellen Behandlungsmethoden zur Entfernung der Tumore, wie Operation, Bestrahlung, Chemotherapie, seien daher mit sogenannten unkonventionellen Behandlungsmethoden zu einem ganzheitlichen Konzept zu verbinden.

»Wie konnte bei mir Krebs entstehen? Ich war doch nie ernsthaft krank außer der einen oder anderen Erkältung, ich lebe gesund, betreibe regelmäßig Sport und rauche nicht!« war meine brennende Frage an den Arzt.

»Wissen Sie, in jedem Körper entstehen täglich neue Krebszellen. Ein gesunder Organismus ist aber in der Lage, die Krebszellen als fremdartig zu erkennen und durch körpereigene Abwehr aufzulösen. Die der Abwehr dienenden Organsysteme können nun aber durch vielerlei Ursachen geschädigt werden. Dann sind die Schutzkräfte schließlich irgendwann nicht mehr ausreichend. Dadurch verliert der Organismus seine Fähigkeit, Krebszellen abzubauen, ihre Vermehrung zu verhindern und damit den Körper vor der Bildung einer Krebsgeschwulst zu schützen.

Von dem Zeitpunkt an, an dem der Organismus die Bildung einer Krebsgeschwulst ›zuläßt‹, ist man krebskrank geworden. Das heißt. Krebs kann nur in einem Körper entstehen, der durch bestimmte Ursachen dazu veranlagt ist. Ein wesentliches Ziel einer Krebsbehandlung ist deshalb immer die Wiederherstellung der Abwehrkräfte. Da die Krebsgeschwulst nicht die Ursache der Krankheit, sondern das Symptom ist, muß bei der Therapie zweigleisig gefahren werden:

Zum einen geht es um die Beseitigung der Krebsgeschwulst durch lokal wirkende Behandlung und zum anderen um die Beseitigung der ›Abwehrschwäche‹ durch eine ganzheitliche Behandlung, um die Bereitschaft des Körpers, Krebsgeschwulste zu bilden, auszuschalten.

Der wesentliche Faktor ist also die Stärkung des Immunsystems.«

Das leuchtete mir ein.

Als mich der Arzt fragte, wie ich mich ernähre, berichtete ich stolz von meinem gesunden Speiseplan. Das war wohl ein Irrtum. Oh je, jetzt hieß es von vielem Abschied zu nehmen. Ich erkannte schnell, daß es da eine Menge zu verbessern gab. Ich aß zu viel tierische Fette in Form von Butter, Sahne, fettem Käse und vor allem zu viel Zucker in Form von Süßigkeiten und Kuchen. Das war eine große Schwäche von mir.

Er erläuterte mir die – manchmal rigiden – Prinzipien gesunder Ernährung.

»Kaum jemand weiß, daß die Darmflora für das Abwehrgeschehen ebenso wichtig ist, wie das Thymus und andere Organe. die Darm-Bakterien werden von den Zellen der Darmwand »gefressen« und ihre Bestandteile werden in den Lymphknoten der Darmwand gespeichert. Wenn irgendwo im Oranismus etwas kaputtgeht und »repariert« werden muß, werden diese Speicher angezapft. Spezielle Transportzellen (»Nurse-cells«) holen die RNS-DNS Bestandteile der Darm-Bakterien aus diesen Speichern an und bringen diese an den Ort des Bedarfs, um dort die zelluläre Gesundung in die Wege zu leiten. Das funktioniert allerdings nur dann, wenn die Darmflora selbst vollkommen gesund ist. Kranke Darm-Bakterien enthalten nur degenerierte Bausteine, mit denen normale Heilvorgänge nicht in Gang kommen können. Im Darm des Krebskranken sind nun aber keine »normalen« Coli-Bakterien, sondern sogenannte »Krebs-Coli«, die das Krebs-Wachstum fördern, aber das degenerierte Gewebe nicht heilen können. Um das entartete Darm-Milieu zu sanieren, muß man folgendes tun:

- Die Krebs-Coli müssen laufend vernichtet werden, das geschieht auf biologische Weise durch Vermehrung der säurebildenden Darm-Bakterien mit dem Präparat »Eugulan Töpfer Forte« (aus der Apotheke).
- Die Ernährung des Krebskranken muß völlig umgestellt werden. Sie soll möglichst viel »rechtsdrehende« Milchsäure enthalten, weil diese Krebszellen vernichtet. Rohes Sauerkraut und Sauerkraut-Saft (aus dem Reformhaus!) sollen als »Vorspeise« jede Mahlzeit einleiten. Rohkost-Salate und Rohgemüse sollen sich anschließen. (Siehe hierzu die Hinweise im Anhang dieses Buches.)

An dieses Ernährungskonzept müssen Sie sich jetzt ein Leben lang halten. Es bringt wenig, die Ernährung nur für einige Zeit umzustellen und danach wieder in die alten Gewohnheiten zurückzufallen.« Seine Ernsthaftigkeit machte deutlich, daß es in diesem Punkt keinen Kompromiß gab.

So beschloß ich, seinem Rat uneingeschränkt zu folgen und in bezug auf meine Ernährung alles zu tun, was einer Verbesserung meines Gesundheitszustandes dienen konnte. Mein Arzt lebt selbst konsequent nach diesem Konzept, er erfreut sich bester Gesundheit.

»Mir fällt außerdem auf«, so der Mediziner weiter, »daß Ihre Metastasen nahe beieinander, sozusagen auf dem gleichen Breitengrad im Körper liegen. Ich empfehle Ihnen, Ihren Schlafplatz von einem guten Wünschelrutengänger untersuchen zu lassen, und denke, Ihnen steht ein kleiner »hausinterner« Umzug bevor.«

Noch heute trinke ich morgens, mittags und abends mit einiger Überwindung mein halbes Glas Sauerkrautsaft, esse nahezu kein Fleisch und keine Wurst mehr. Und meinen Cappuccino gönne ich mir nur noch an ganz besonderen Tagen. Den Ernährungsplan halte ich ein, meine Familie spielt übrigens freiwillig mit, und inzwischen bin ich eine versierte Befürworterin der Vollwertküche.

Jedenfalls verließ ich den Arzt mit einem speziellen Ernährungskonzept[1] und vielen anregenden Gedanken.

Meine Offenheit gegenüber verschiedenen Therapieformen für meine Krankheit lohnte als nächstes meine Freundin Ingrid, indem sie mich zu einem Bach-Blüten-Seminar einlud. Ich fragte nicht weiter, sondern nahm diese Einladung bereitwillig an.

---

1 Am Ende des Buches werden diese Diät-Richtlinien zusammengefaßt.

Krankheit ist weder Grausamkeit noch Strafe,
sondern einzig und allein ein Korrektiv;
ein Werkzeug, dessen sich unsere eigene Seele bedient,
um uns auf unsere Fehler hinzuweisen,
um uns von größeren Irrtümern zurückzuhalten,
um uns daran zu hindern, mehr Schaden anzurichten
– und uns auf den Weg der Wahrheit und des Lichts
zurückzubringen, von dem wir nie hätten abkommen
sollen.

Edward Bach

V

Juni 1993

Als Ingrid mich besuchte, freute ich mich sehr und war gleichzeitig verwundert, daß sie keine »Berührungsängste« hatte. Am Anfang hatten nämlich selbst enge Freunde nicht den Mut, persönlichen Kontakt mit mir aufzunehmen. Auch ich mied in dieser Zeit meine Kolleginnen und Kollegen, denn es tat mir einfach weh, wieder in die »alte Welt« einzutauchen.

Aber Ingrid kam und mit ihrer frischen offenen Art verbrachten wir einen fröhlichen Nachmittag. Sie schenkte mir einen Bergkristall, der so klar war wie das Licht. Er war wunderschön, ich hielt ihn in den Händen und konnte den Blick nicht von ihm wenden. Er hatte eine starke Ausstrahlung auf mich.

»Das ist der Stein der sogenannten ALL-LIEBE. Er wird Dir guttun.« Auf ein Kärtchen hatte sie noch einige Zeilen über den Bergkristall geschrieben. So erfuhr ich, daß dieser Stein den Besitzer mit jener Quelle ursprünglicher Energie verbinden soll, die als göttliches Licht in der Tiefe unserer Seele wohnt. Daß er uns hilft, unsere Seele mit der All-Seele zu verbinden und Blockaden und Disharmonien der Seele, die diese Vereinigung behindern, beseitigt. Daß er Klarheit und Reinheit in unsere Seele bringt und unser Leben mit neuer Energie erfüllt. Ich stellte den Bergkristall in meine Glasvitrine im Wohnzimmer zu meinen alten Puppen, damit ich ihn immer sehen konnte.

Ingrid verabschiedete sich mit den Worten:

»Weißt Du, mein Vater hat auch Krebs, es gab schwierige Situationen, da war es verdammt »eng«, aber er lebt heute noch. Es gibt einfach Tatsachen im Leben, die bringen uns an unsere Grenzen. Aber du schaffst es. Wir treffen uns wieder, spätestens beim Bach-Blüten-Seminar, zu dem wir gemeinsam gehen werden!«

Ingrid war von der Wirkung der Bach-Blüten überzeugt – Tropfen, von denen man viermal täglich vier einnimmt (Standarddosierung). Sie selbst besuchte das Seminar, um über die Blüten mehr zu erfahren und »ihre« Bach-Blüten zu finden. Mit etwa 20 anderen, meist weiblichen Teilnehmern, folgten wir den Ausführungen des jungen Heilpraktikers und Seminarleiters dieses Tages.

Während er Dia für Dia wunderschöne Aufnahmen der 38 Bach-Blüten zeigte, erzählte er uns ihre Geschichte: »Der englische Arzt Edward Bach entwickelte vor über 60 Jahren sein System der Bach-Blüten-Konzentrate. Seine Therapie ermöglicht es, negative Gemütsstimmungen in den Griff zu bekommen. Gerade der kranke Mensch lebt mit meist traurigen Gemütsstimmungen. Die Blüten fördern ›Heilung durch Reharmonisierung des Bewußtseins‹«.

»Die Ursache körperlicher Krankheit liegt in negativen seelischen Zuständen. Die Welt, die Natur ist ein großes Energiefeld, das bestrebt ist, sich im Menschen durch dessen Seele und Persönlichkeit auszudrücken. Wenn der Mensch seiner Seele, seinem Inneren zuwiderhandelt, entsteht eine Störung. Bach definiert das menschliche Leben als Teil eines größeren Schöpfungsgedankens und glaubt, daß wir untrennbar mit diesem verbunden sind – bedingt durch eine gemeinsame Energieschwingung, die wir ›Schöpfung‹, ›universelles Lebensprinzip‹ oder ›Gott‹ nennen.«[1]

›Der liebe Gott also‹, dachte ich, aber dann erinnerte ich mich, gelesen zu haben, daß auch die Physik klar definiert, daß alles in dieser Welt aus Energie besteht, aus Schwingungen, die meßbar sind. Ich beschloß, möglichst unvoreingenommen weiter dem Vortrag zuzuhören.

Der Heilpraktiker las vor, was Edward Bach über die Wirkung seiner Essenzen geschrieben hat:

---

[1] Mechthild Scheffer, Selbsthilfe durch Bach-Blüten-Therapie, München, 1993

»Bestimmte wildwachsende Blumen, Büsche und Bäume höherer Ordnung haben durch ihre hohe Schwingung die Kraft, unsere menschlichen Schwingungen zu erhöhen. Wie schöne Musik sind sie in der Lage, unsere ganze Persönlichkeit zu erheben und uns unserer Seele näher zu bringen. Sie heilen nicht dadurch, daß sie die Krankheit direkt angreifen, sondern dadurch, daß sie unseren Körper mit den schönen Schwingungen unseres höheren Selbst durchfluten, in deren Gegenwart die Krankheit hinwegschmilzt wie Schnee an der Sonne. Es gibt keine echte Heilung ohne eine Veränderung in der Lebenseinstellung[2].«

»Pflanzen als Heilmittel werden seit Menschengedenken verwendet, die Bach-Blüten bereits seit 60 Jahren«, erklärte unser Kursleiter und lud uns ein, einen Fragebogen zu beantworten, um unsere Bach-Blüten zu finden. Es dauerte eine kleine Weile, bis wir alle diese Bögen ausgefüllt, die vielen Fragen nach unserem seelischen Befinden beantwortet hatten. Für mich waren verschiedene Blüten empfehlenswert.

Star of Bethlehem – der Tröster der Seele, eine dem Knoblauch verwandte Blume, besänftigt seelische oder geistige Erschütterungen. Sie vermittelt innere Kraft, beschleunigt die Fähigkeit, sich zu regenerieren.

Sweet Chestnut – die Edelkastanie, mit ihren kätzchenartigen, stark duftenden Blüten, hilft zu erkennen, neue Chancen zu sehen, sich zu verändern.

Oak – die Eiche, von unseren Vorfahren als heiliger Baum betrachtet, ermöglicht bei Niedergeschlagenheit, den Mut und die Kraft in sich zu intensivieren.

Und zuletzt – hier war ich ein klein wenig überrascht – ermittelte der Heilpraktiker für mich die friedenbringende *Olive.* Ich mochte Olivenbäume schon immer besonders gern. Den Ölbaum, den heili-

---

[2] Mechthild Scheffer, Selbsthilfe durch Bach-Blüten-Therapie, München, 1993

gen Baum des alten Testaments. Diese Pflanze bedeutete mir viel. Ich erinnerte mich an die Schilderung, die mich in meiner Kinderzeit so beeindruckte, wie die Taube Noah einen Olivenzweig brachte, zum Zeichen, daß die Sintflut zu Ende und wieder Frieden war auf Erden.

20 Teilnehmer besaßen endlich die Fläschchen mit ihren Bach-Blüten, und viele waren mit für sie neuem Gedankengut konfrontiert worden. Auch mir schwirrte der Kopf nach diesen Stunden.

Ich hatte eine mir fremde, neue Welt betreten, noch nicht wissend, daß das Eintauchen in sie meine Krankheit und mein Leben verändern sollte.

Als Ingrid und ich uns verabschiedeten, schenkte sie mir ein Buch über Bach-Blüten.

Wir sind da, um zu lernen,
uns mit Freude zwischen den Leiden
der Welt zu bewegen.

Joseph Campbell

VI

Juli 1993

Wieder planten wir eine Reise in unser Haus in Spanien. Dieses Mal mit einem kleinen Gast, dem Sohn einer lieben Bekannten, für vier lange Wochen. Zuvor lag es mir jedoch am Herzen, zwei Dinge zu klären.

Krebs umfaßte für mich auch die Möglichkeit des TODES. Mich beschäftigte, inwieweit ich meinen Sohn Simon damit konfrontieren sollte. Ich besuchte eine Kinderpsychologin, um mit ihr meine Situation zu besprechen und zu fragen, welches Verhalten dem Kind gegenüber angemessen sei. War es sinnvoll, meinen Sohn auf meinen möglichen Tod vorzubereiten oder nicht?

Die Ärztin riet im Gespräch, dem Jungen die Freude zu gönnen, daß seine Mutter jetzt mehr Zeit für ihn hat.

»Managen Sie jetzt nicht Ihren Tod! Konfrontieren Sie Simon nicht bewußt mit der Dramatik Ihrer Situation. Bemühen Sie sich, Fragen ehrlich und positiv zu beantworten. Genießen Sie das Zusammensein mit Ihrem Sohn.«

Wir genossen.

Mein Sohn anders als ich erwartet hatte. Er blühte sichtlich auf, wurde merklich fröhlicher. Nach den wenigen Wochen meines Zuhauseseins war er an die neue Ordnung soweit gewöhnt, daß er anfing »auszufliegen«, mit seinem Freund Arne, der uns dann auch nach Spanien begleitete, tollte und spielte, für mich oft unauffindbar. Ich freute mich, an seinen Tageserlebnissen teilzuhaben, Einblick in seine Gedanken zu gewinnen. Das war eine schöne Erfahrung für mich. Mein Sohn, der recht an mir festhielt, als ich noch berufstätig war, verlor in dieser Zeit viel an Zurückhaltung und entwickelte sich zu einem ausgelassenen, zuweilen recht kecken Jungen.

Seine Fröhlichkeit half mir auch, wenn sich Traurigkeit und innere Leere ausbreiten wollten, wenn es mir schwer fiel, einen Sinn in der Krankheit zu sehen.

Noch wechselten die Hoffnung und der Glaube, dem Krebs »unkonventionell« begegnen zu können, mit der Angst. Meine Tumore akzeptierte ich ja inzwischen, Schmerzen hatte ich zu dieser Zeit keine, dafür viele Zweifel und Fragen. Die ersten Unsicherheiten in bezug auf meine berufliche Entscheidung meldeten sich. Hatte ich mein Selbstwertgefühl jahrzehntelang über den Beruf definiert, war es nun für mich notwendig, etwas anderes zu finden, um wieder gut zu leben.

Diese Gedanken teilte ich meinem Professor mit, als ich bei einer Behandlung seine Erlaubnis zur geplanten Reise einholte. Er verwies im Gespräch eindringlich nochmals auf die notwendige Änderung meiner Lebensplanung. »Sie sollten nicht mehr in Ihren Beruf zurückkehren. Suchen Sie sich ein schönes Hobby, genießen Sie das Leben!«

Ich reduzierte mein soziales Umfeld auf wenige, mir nahestehende Menschen und unterband die beruflichen Kontakte gänzlich mit Hilfe meines Mannes und weniger Freunde.

Für Spanien plante ich den Beginn meiner neuen Ernährung. Auch mit den Bach-Blüten wollte ich dort beginnen und das Buch darüber lesen.

Noch ein Buch kam dazu. Mein Bruder und seine Frau schenkten mir vor der Abreise das Buch von Kurt Tepperwein »Was Dir Deine Krankheit sagen will«. »Er erklärt die Wirkung geistiger Gesetzmäßigkeiten«, lachte mein Bruder, »und zeigt ungewohnte Lösungen bei Problemen; ich kenne seine Seminare. Viel Spaß beim Kennenlernen.«

Mein Bruder Werner und seine Frau Beate leben bewußt und sind esoterischen Fragen gegenüber aufgeschlossen.

Die Krankheit aber, so entschied ich, bleibt zu Hause, samt ihren Problemen. Das blieb sie auch, ebenso meine Medikamente.

Die hatte ich schlichtweg vergessen!

Willst du den Körper heilen,
mußt du zuerst die Seele heilen.

Platon

VII

Sommerferien 1993

»Weißt du, was mir mein Bruder zum Abschied sagte?« fragte ich meinen Mann, der das Auto steuerte. »Wenn du dich änderst, verändert sich dein Leben und damit dein Krebs.«

Reinhard lächelte.

Unsere lange Fahrt verlief angenehm, mit vielen Plaudereien, die Kinder Simon und Arne waren fröhlich und wir schmiedeten eifrig Pläne.

In Spanien war ich wie immer verzaubert von der dortigen Landschaft, erfreut über unser Haus, die schlichten, typisch spanischen Möbel. Jedesmal habe ich das Gefühl, vom Leben in seiner Unkompliziertheit begrüßt zu werden, sobald ich unser Haus betrete.

Rasch fühlten wir uns »daheim«. Die Kinder tobten und lärmten, die kleinen Ereignisse jagten einander; ich lebte im Hier und Jetzt, die Wärme genießend.

Nur Reinhard verhielt sich anders. Gewohnt, ihn meist lesend, träumend anzutreffen, fand ich ihn in den ersten Urlaubstagen sehr unruhig. Er entwickelte den Drang, sich handwerklich zu betätigen. Er begann, die große Mauer am Pool zu streichen und sah hinterher aus wie ein Schneemann, denn ein begnadeter Handwerker war und ist mein Mann nun wirklich nicht.

Als er sich schließlich daran machte, große Äste von Nachbars Baum abzusägen (sie störten ihn immer sehr, denn sie warfen Schatten auf unseren Pool) passierte das Unglück. Er fiel von der Leiter und verletzte sich so stark, daß er drei Wochen ein Bein in Gips tragen mußte. So wurde er zur Ruhe gezwungen. Wir legten unsere geplanten Aktivitäten »auf Eis« bis zum nächsten Jahr und stellten uns auf einen ruhigen und harmonischen Urlaub ein. Ich nahm mir viel Zeit für ihn.

Aber ich suchte auch die Verabredung mit mir, entdeckte »meine« Plätze, verweilte oft bei dem wunderschönen, knorrigen, alten Olivenbaum, der ganz in der Nähe unseres Hauses stand, allein – in würdiger Ausstrahlung, ins flirrende, sommerliche Licht getaucht. Ich hatte regelrecht Hunger nach Luft und Sonne.

Oft saß ich auch am Strand, ließ den Sand zwischen den Fingern rieseln und sah aufs Meer hinaus – versunken in mich. Diese Bilder wollte ich im Herzen bewahren. Sie mitnehmen nach Hause, nach Deutschland, als Erinnerung an das Schöne. Jeder Tag gestaltete sich als neues Rendezvous mit mir und mir war, als schöpfte ich Kraft für all die Dinge, die kommen sollten. Ich glaubte an mich, meine Zukunft.

Eines Tages fuhren wir Statuen kaufen, Figuren und Büsten aus Sandstein, die in Spanien gut erhältlich sind. Wir dekorierten den Garten und das Haus damit, ein paar nahmen wir auch mit nach Deutschland.

Nach einem Foto malte Simon mir »meinen« Miró, den ich mir im Original noch in Barcelona anschauen wollte. Und Arne malte ein schönes Bild mit farbigen Häusern, dem Meer und einer aufgehenden Sonne. Wir sprachen über die Bilder, erfanden Geschichten dazu, das war sehr schön. Wieder die Erinnerung an einen guten Tag, die ich mit nach Deutschland nehmen konnte.

Meine Bach-Blüten nahm ich regelmäßig, ihre Wirkung spürte ich deutlich. Auch das Buch dazu war bald gelesen, ebenso das Buch »Was Dir Deine Krankheit sagen will«. Hier war viel Neues zu erfahren. Daß eine Krankheit als Freund betrachtet werden kann, daß sich eine »Aufgabe des Lebens« dahinter verbirgt, nämlich die, seinen inneren Weg zu finden, seine seelische Harmonie wieder herzustellen.

Die Krankheit selbst spricht die »Sprache der Symptome«. Es liegt an mir, diese zu verstehen und die notwendigen Schritte zu tun. Krankheit bietet die »Lehre der Erfahrung«, sie zwingt, offen zu werden für unser Leben, zu uns selbst *JA* zu sagen.

Mir wurde bei der Lektüre klar, daß ich lernen muß umzudenken. Auch merkte ich sehr rasch, daß es sich nicht als hilfreich erweist, zu schnell rationale Fragen zu stellen, sondern daß es besser ist, das Geschriebene auf sich erstmal wirken zu lassen.

»Die Sprache der Krebssymptome gibt einen klaren Hinweis, in welchem Bereich das auslösende Problem liegen muß.«[1] Tepperwein, der Autor, geht davon aus, daß Krebs durch eine nicht bewältigte persönliche Tragödie entsteht.

Weitere Ursachen sind eine reduzierte Körperabwehr und innere Isolation. Beim Überschreiten des eigenen seelischen Grenzwertes entsteht die Krankheit, und die Art der persönlichen Tragödie entscheidet dann auch über ihre Lokalisation.

Ich las ferner im Buch: »In den USA ergab eine Untersuchung an viertausend Krebspatienten, daß alle, ohne Ausnahme, in ihrer Vergangenheit eine nicht bewältigte Phase der Depression durchlebt hatten. Krebs kann als Folge negativer Wucherungen im Gefühl definiert werden.«

Nach Tepperweins Überzeugung bekommt der keinen Krebs, der bereit ist, den Sinn seines Lebens zu erkennen und seine Aufgabe zu erfüllen.

Dem Krebspatienten hilft es, sein Bewußtsein mit positiven Gedanken zu erfüllen und mit seiner »inneren Welt« liebevoll und harmonisch zu leben.

»Also, die eigene Lebensaufgabe zu erkennen, die Harmonie in sich zu finden, die persönlichen Lebensprobleme zu lösen, das scheint wohl unerläßlich zu sein, will man so eine Krankheit besiegen«, dozierte ich am Abend in einem hübschen Restaurant.

»Das klingt nach Arbeit. Das liegt dir doch.« Reinhard schmunzelte. »Für dich wird es am schwersten sein, deine persönlichen Lebensprobleme zu lösen, denn die mußt du erstmal finden.«

---

[1] nach Kurt Tepperwein, Was Dir Deine Krankheit sagen will, München, 1993

»Zunächst beschäftige ich mich mit dieser Art zu denken«, entgegnete ich. »Ich will da tiefer eintauchen. Und morgen höre ich mir die zum Buch gehörenden Kassetten an, die mir mein Bruder geschenkt hat.«

»Wir! – « so Reinhard ... »wir hören die Kassetten an, darauf bin *ich* auch neugierig.«

Wir wußten nicht, was uns erwartete!

Wir wurden Zuhörer eines Vortrages, in dem zu Beginn der »Sinn des Lebens« erörtert wurde. Zu sich selbst zu finden, sich anzunehmen, zu lernen, seine Probleme zu bejahen, zu erkennen, daß die gegenwärtige Lebenssituation an sich immer stimmig ist, was aber nicht heißt, daß sie sich nicht ändern wird. Probleme sind da, um gelöst zu werden, einen weiteren Schritt der Erkenntnis zu tun. Man begegnet stets *dem* Problem, das man gerade braucht.

Soweit, so gut.

Aber dann!

Wir erfuhren, daß es seit Jahrtausenden ein Wissen gibt, das dem Menschen die Möglichkeit bietet, sein eigenes Leben und Schicksal frei zu bestimmen. Es handelt sich hierbei um geistige Kräfte und Gesetze. Der Weg des »Mental-Trainings« ermöglicht den Umgang damit.

Mental-Training ist ein universell wirksames System, eine Technik, frei von Religion, die die Möglichkeit gibt, durch den Einsatz geistiger Kräfte gewünschte Ziele zu erreichen. Daß der Mensch nur etwa 15 Prozent seines geistigen Potentials nutzt, ist wissenschaftlich erwiesen. Mit der Technik des Mental-Trainings erhöht der Mensch seine geistigen Fähigkeiten. Es handelt sich um ein »Konzentrat« aus vielen geistigen Richtungen. Mental-Training ist eine umfassende Methode, das Leben selbst zu gestalten. Das geschieht mit Hilfe des Unter- und Überbewußtseins. »Die Verantwortung für sein Leben trägt der Mensch *allein*.«

Jetzt holten wir uns eine Flasche Rotwein, schauten uns skeptisch-irritiert an.

Für den Rest des Urlaubs schenkte ich den Kassetten keine Aufmerksamkeit mehr. Mir reichte das Gehörte.

Ich erfreute mich lieber am Urlaub, war stolz darauf, schön braun zu sein, und da meine Augen stets leicht geschwollen waren, schenkte ich ihnen zum Trost eine tolle Sonnenbrille.

Da mein übriger Körper sich rundum wohlfühlte, erhielt er einen neuen Badeanzug. Es machte Spaß, nett zu mir zu sein.

Auch die anderen verwöhnte ich.

Die Jungen wollten Legos in rauhen Mengen, um eine Burg zu bauen, und bekamen sie. Für Reinhard entdeckte ich auch etwas Hübsches, sogar an unsere Untermieterin Lena dachte ich und kaufte ein Parfum.

An einem heißen Tag fuhr ich nach Barcelona. Ich wollte den Tag ganz allein für mich gestalten, die Kathedrale im gotischen Viertel und anschließend die große Miró-Ausstellung besuchen. Lange stand ich vor der mächtigen Kathedrale mit ihren beiden achteckigen Türmen, dem Glockenturm in der Mitte und dem herrlichen Portal. Im Inneren warf das Licht goldene Reflexe auf die hohen, schlanken Säulen, und die Seitenkapellen erschienen im geheimnisvollen Halbdunkel. Vom Kirchenschiff aus ging ich zu meinem eigentlichen Ziel, dem Kreuzgang, einem der romantischsten Plätze der Stadt. Dort wurde ich von schnatternden weißen Gänsen empfangen, die in dem kleinen Teich in der Mitte plantschten. Ein schöner Anblick, so fröhlich und rein. In diesem kleinen Paradies gab es Palmen, Magnolien, Orangen- und Mispelbäume. In den seitlichen Kapellen des Kreuzgangs findet man gotische und barocke Altarbilder.

Und ich fand hier »meine« Madonna. Ich zündete eine Kerze vor ihrem Altar an, flüsterte »bitte hilf mir« und versprach ihr, dann wiederzukommen, wenn ich wieder ganz gesund wäre.

»Ob ich sie wohl je wiedersehen werde?« fragte ich mich.

Anschließend fuhr ich zum Montjuïc, wo die Miró-Ausstellung stattfand. Es war wenig Betrieb und so hatte ich viel Zeit, fast ungestört »meinen« Miró, von dem ich Zuhause ein so schönes Abbild hatte, zu suchen. Lange verweilte ich vor dem Bild, auf dem zwei Kreise in schwarz und rot mit einer Linie verbunden auf hellblauem Hintergrund harmonisch angeordnet sind. Ich hatte das Gefühl, beim Betrachten meine Situation zu sehen. Den dunklen Kreis unten links als meinen Krebs, den roten oben rechts als mein Ziel, dazwischen den gezeigten Weg.

Noch heute brauche ich nur die Augen zu schließen, um dieses Bild plastisch vor meinem inneren Auge zu sehen.

Es war ein schöner Tag – ein erfüllter Tag.

Ich hatte in dieser Zeit keine Schmerzen mehr und fühlte mich auch seelisch im Einklang mit mir. Meine Gedanken waren friedvoll und positiv. Diese seelische Ausgeglichenheit führte ich auf die Wirkung der Bach-Blüten und ganz besonders auf die Olive zurück.

Die Olive, die hilft, wenn man körperlich und geistig ausgelaugt und erschöpft ist, weil sie große Kraft und Vitalität spendet. Ich war glücklich, »meine« Olive gefunden zu haben.

An unserem letzten Abend, den wir in fröhlicher Runde in unserem Lieblingsrestaurant verbrachten, erzählte ich Reinhard und den Kindern, daß ich mir etwas versprochen hatte: »Wißt ihr, wenn ich gesund bin, dann schenke ich mir einen Olivenbaum.«

Mit Gedanken an den Olivenbaum und an den neu eingeschlagenen Weg nach Innen, erholt und kraftvoll, verabschiedete ich mich vom spanischen Leben.

Wir sind vom gleichen Stoff,
aus dem die Träume sind,
eingebettet in ein wenig Schlaf.

Shakespeare

VIII

August 1993

Wieder zu Hause, besuchte uns die Rutengängerin Frau Velscher, mit der ich vor dem Urlaub einen Termin vereinbart hatte. Eine große, freundliche Frau, die resolut wirkte. Konzentriert ging sie unser Haus ab, ihre Metallrute in der rechten Hand.

Das Ergebnis war verblüffend.

»Sie müssen wissen«, erklärte sie, »daß Erdstrahlen existent sind, daß unser Lebensraum, die Biosphäre, aus allen Richtungen von strahlender Energie durchdrungen ist. Als Sonnenstrahlung und kosmische Strahlung von oben, als terrestrische Strahlung aus dem Erdinnern. Auf das Vorhandensein dieser Energien sind alle Lebewesen, auch der Mensch, eingestellt.

Das energetische Spannungsfeld zwischen Erde und Atmosphäre ist ungleich beschaffen. Untersuchungen haben ergeben, daß es auf der Erdoberfläche Stellen mit elektrisch auf- und abladender Wirkung gibt. Zwei sich kreuzende Systeme von Reaktionslinien existieren. Diese »Liniengitter« überkreuzen sich schachbrettartig, und bei den Kreuzungspunkten dieser Systeme handelt es sich um besonders aktive Stellen.«

Ich lauschte aufmerksam dem Vortrag der Rutengängerin.

»Es gibt positiv aufladende und negativ aufladende Zonen der Erdoberfläche. Der Abstand der Reaktionslinien hängt vom Untergrund ab. Über Verwerfungen, Anomalien des Bodens, entwickeln Erdstrahlen krankmachende Eigenschaften; diese können gefährlich sein. Ich versichere Ihnen, daß Strahlenfühligkeit objektiv meßbar ist. Zum Beispiel war *Albert Einstein* rutenkundig. In Ihrem Schlafraum befinden sich extrem negativ geladene Strahlungen. Ich lege Ihnen sehr ans Herz, so rasch wie möglich den Schlafplatz zu wechseln, Ihre Betten müssen aus diesem Bereich entfernt werden.

Diese Phänomene sind krebsfördernd, darüber gibt es Untersuchungen namhafter Ärzte. Wenn Sie weiterhin hier schlafen, fürchte ich schwere Erkrankungen für Sie.«

Ich sagte nichts; die Frau untersuchte Raum für Raum, um dann zu erklären, daß eigentlich nur Lenas Wohnbereich, das kleine Büro und die Küche relativ strahlungsfrei waren. Die restlichen Räume waren mehr oder weniger Strahlungszonen. Unser Schlafzimmer, das war mir klar, mußte geräumt werden. Mein Arzt hatte recht behalten. Ein Umzug stand bevor.

Die Aussagen von Frau Velscher und das Ergebnis ihrer Hausuntersuchung hatten mich so beeindruckt, daß ich noch mehr über Erdstrahlen wissen wollte. So suchte ich später in meinen Büchern nach weiteren Erklärungen. Ich las, daß neben inneren auch äußere Ursachen für die Entwicklung von Krankheiten verantwortlich sein können. Alles irdische Leben unterliegt der Einwirkung kosmischer Kräfte, der Einwirkung der Erde, der Erdstrahlen und der Einwirkung der Einflüsse seines engeren Lebensraumes, des »Mikroklimas«. Vielerlei Krankheiten können von diesen Einflüssen verursacht werden.

Das Wissen über Erdstrahlen ist sehr alt. Seit ungefähr vier Jahrtausenden ist es im alten China gesetzliche Pflicht gewesen, vor der Errichtung eines Hauses den Baugrund durch einen »Geomanten« auf schädliche Bodeneinflüsse untersuchen zu lassen. Auch in ägyptischen Gräbern des dritten Jahrtausends vor Christus finden wir Priester mit einem Gabelzweig abgebildet. Moses, der ja von ägyptischen Priestern erzogen wurde, ist rutenkundig gewesen: Der Stab des Moses war vielleicht eine Wünschelrute!

Unser spannungserfüllter Lebensraum, die Biosphäre, wird aus allen Richtungen von strahlender Energie durchdrungen. Auf das Vorhandensein dieser Vielfalt von Energien sind alle Lebewesen, auch der menschliche Organismus, »eingestellt«.

In dem Bereich der »abladenden« Kreuzung von Erdstrahlen wird der Körper stark geschwächt.

Der Organismus ist bestrebt, diesen Störungen entgegenzuwirken. Doch sobald die dauernd angespannten Regulationsmechanismen ermüden, beginnen sich schließlich chronische Gesundheitsstörungen bemerkbar zu machen.

Aus allen diesen Beobachtungen läßt sich folgern, daß an der Entstehung eines Krebsleidens offensichtlich auch äußere physikalische Ursachen mitbeteiligt sein können. Es leuchtet ein, daß wir um deren Ausschaltung ebenso konsequent bemüht sein müssen wie um die Beseitigung zahlreicher anderer Ursachen.

Am Abend erzählte ich Reinhard aufgeregt von dem Besuch der Wünschelrutengängerin. Im erhitzten Gespräch entschieden wir, in wenigen Wochen unser Haus auf den Kopf zu stellen. Wir lachten und unterhielten uns, verlebten einen angeregten Abend.

Danach – ?

Reinhard war schon zu Bett gegangen. Ich war noch nicht müde und begann, im Buch von Rüdiger Dahlke »Krankheit als Sprache der Seele« zu lesen, das mir Ingrid bei ihrem Besuch mit der Bemerkung: »Schau mal rein, vielleicht findest du einige Antworten auf deine Fragen«, mitgebracht hatte.

Betrachte dein Leben im Spiegel deiner Taten:
Sie lehren dich, was du wissen mußt.

Nari

IX

Traurige Tage

»Hinter der Diagnose Krebs verbirgt sich ein großes Wunder, das sich in einer Vielzahl von Krankheitsbildern ausdrücken kann. Jedes davon betrifft den Menschen in seiner gesamten Existenz, gleichgültig, von welchem Organ es ursprünglich ausging.«[1]

Krebs bezieht sich auf den *ganzen* Menschen, nicht nur auf Organe. Als ich las, daß mehr als die Hälfte der Kranken daran stirbt, trotz medizinischer Erfolge, wurde ich sehr ernst.

»Kein anderes Krankheitsbild macht auch den Zusammenhang zwischen Körper, Seele, Geist und Gesellschaft so deutlich wie Krebs.«[2]

Gesellschaft ... – ich dachte an mein soziales, mein berufliches Umfeld.

»Ob wir von der Zellebene, der Persönlichkeitsstruktur oder der Situation ausgehen, überall stoßen wir auf analoge Muster, die wir nur zu gut kennen, die uns schockieren und die nicht loszuwerden sind, weil es die ureigenen sind.«[3]

Eben noch fröhlich mit den anderen zusammen, begann sich eine Nachdenklichkeit in mir breitzumachen, innere Fragen an mich selbst drängten sich auf. Wollte ich eigentlich so weiterleben wie bisher? Hatte ich all die Jahre wirklich ehrlich gelebt? Ich stehe in der Mitte meines Lebens, was ist eigentlich der Sinn meines Lebens? Welche Faktoren könnten eine entscheidende Rolle dafür gespielt haben, daß ich anfällig war für diese Krankheit? Mein Privatleben war doch glücklich, und ich hatte Erfolg im Beruf.

[1–3] Rüdiger Dahlke, Krankheit als Sprache der Seele, München, 1992

Bei einer renommierten Firma im Dienstleistungsbereich konnte ich als Produktmanagerin selbständig Entscheidungen treffen. Meine Arbeit war gefragt, anerkannt.

Schon als junge Frau hatte ich eine Führungsposition, war die einzige weibliche Führungskraft innerhalb einer Männergesellschaft.

Meine fachliche Versiertheit, meine guten Leistungen brachten mir Akzeptanz und Anerkennung. Ich habe meine Arbeit immer gern getan, mit Eifer und großem Engagement.

»Nun schön!« sagte ich mir. »Aber du hast jeden Tag viele Stunden nur gearbeitet, auch an vielen Wochenenden. Du hast oft die Arbeit benutzt, um dich vom täglichen Leben abzulenken. Probleme kamen gar nicht in deine Nähe, sondern wurden beiseite gedrängt. Traurigkeit, Melancholie, das hast du nicht zugelassen. Den Streß hast du beschönigt, weil du dich sauber belügen kannst.«

Mein Über-Ich hatte immer mehr Freude daran, mir unangenehme Wahrheiten zuzuflüstern.

»Bei Präsentationen deiner Projekte hast du dein sogenanntes Selbstwertgefühl aufpoliert – hast du überhaupt ein Selbst-Wert-Gefühl?

Nach außen zeigst du dich fröhlich und stark. Und wie schaut es wirklich aus? Keine Schwäche darf gezeigt werden, nicht wahr?«

Ich merkte, wie meine sorglich gepflegte Lackschicht kleine Risse bekam, spürte, wie mir Tränen in die Augen stiegen, las jedoch weiter bei Rüdiger Dahlke:

»Grenzüberschreitende Erfahrungen oder auch nur harmloses Über-die-Stränge-Schlagen werden schon im Keim erstickt ...«[4]

»Siehst du«, meldete sich mein Über-Ich wieder. »Du hast dich doch selbst zu oft angelogen. Wann trautest du dich, das letzte Mal zu weinen? Vor dir, vor Reinhard? Alles übertünchst du elegant.

[4] Rüdiger Dahlke, s. S. 49

Deine Krankheit ist für dich doch bis jetzt nur ein weiteres ›*Produkt*‹, ein unerwünschtes zwar, aber du versuchst, deinen Krebs technisch zu besiegen, mit aufgesetztem Optimismus, ohne ernsthaft nach den Ursachen zu fragen.«

»Weil ich Angst habe ...«, flüsterte ich mir zu, und dann weinte ich. Ich weinte lange in dieser Nacht. Mich dagegen aufzulehnen, war seelisch nicht möglich. Die Trauer siegte.

Irgendwann fand ich erschöpft Schlaf.

Am Abend berichtete ich Reinhard von der letzten Nacht, in der ich geweint hatte.

Er hörte mir zu. Zuweilen lächelte er wehmütig. Ich spürte die Nähe zu ihm.

Das Gelesene, Gedachte und die Trauer der letzten Nacht waren gegenwärtig und übertrugen sich auch auf Reinhard. Er stellte mir viele Fragen. Letztlich äußerte er Zweifel, ob ich mich wirklich ernsthaft entschieden hätte, meinen Beruf aufzugeben:

»Mir scheint, du hast bei deiner Entscheidung nicht an später gedacht, nicht miteinbezogen, dich von deiner Arbeit für *immer* trennen zu müssen, und so fällt es mir schwer, dich zu unterstützen. Ich weiß doch, wie sehr du deinen Beruf liebst. Wie sieht deine Entscheidung wirklich aus?«

Ich dachte nach und sagte Reinhard dann, daß ich mich entschlossen fühlte, meinen Beruf aufzugeben:

»Ich weiß, daß mein Umgang mit der beruflichen Situation dazu beigetragen hat, krank zu werden. Außerdem weiß ich, daß ich latente Schmerzen habe und physisch – zumindest momentan – gar nicht in der Lage bin, den Anforderungen meines Berufes gerecht zu werden. Jedoch glaube ich ganz tief in mir, diese Krankheit zu besiegen – und was ist dann?«

»Dann?« Reinhard lehnte sich zurück, musterte mich eindringlich. »Was glaubst du, was *dann* ist?«

»Ich weiß es nicht, und das macht mir Sorge«, entgegnete ich. »Um ehrlich zu sein, ich kann mir wirklich nicht vorstellen, dann als *Hausfrau* meine Befriedigung zu finden. Ich fühle mich zu jung, um von der Bühne des Berufes abzutreten, ohne geistige Nahrung zu sein.«

»Geistige Nahrung findest du überall«, war seine Antwort. »Du mußt nur wollen ...

Ich habe Verständnis für deine Ambivalenz, Elisabeth, aber denke bitte darüber nach, daß die Entscheidung, nicht mehr an deinen bisherigen Arbeitsplatz zurückzugehen, nicht bedeuten muß, überhaupt nichts mehr zu tun. Wer weiß, vielleicht findest du später, wenn es deine gesundheitliche Situation erlaubt, eine neue Aufgabe.

Das wäre schön, denn nur daheim, kann ich mir vorstellen, könntest du unzufrieden werden und ...« Reinhard lachte, »da helfe ich dir lieber suchen, etwas Neues zu finden, als täglich eine unzufriedene Elisabeth um mich zu haben.«

Seine Worte gaben mir ein klein wenig Mut, und ich erzählte ihm, was für mich Unabhängigkeit bedeutete – vor allem die finanzielle Unabhängigkeit von einem Mann.

Reinhard blickte überrascht. Ich kannte ihn gut genug, um zu empfinden, ihm sehr weh getan zu haben.

Er sagte nichts.

Nach langen Augenblicken des Schweigens ging ich zu ihm, umarmte ihn.

Liebevoll erwiderte Reinhard meine Umarmung.

Ich dankte im stillen, mit diesem Mann zusammenzuleben.

In Eden, dem Garten Gottes warst du.
Jeder kostbare Edelstein war deine Decke,
Rubin, Topas, Jaspis, Malachit, Onyx, Jade,
Saphir, Türkis und Smaragd.
Von Gold war die Arbeit deiner Ohrringe und
der Perlenschmuck, den du trugst.
An dem Tag, als du erschaffen wurdest,
wurden sie bereitet.

Bibel, Hesekiel Kap. 28 Vers 13, etwa 590 v. Chr.

X

Neuer Lebensmut

Am nächsten Morgen war ich traurig. Dazu fühlte ich mich auch körperlich nur leidlich. Leichte, aber beständige Übelkeit, meine wieder geröteten, angeschwollenen Augenlider und ein allgemeines Unwohlsein taten ihr übriges. Draußen regnete es.

Ich beschloß, mich am heutigen Tag den Haushaltspflichten zu widmen. Berge an Wäsche zu waschen, das Haus in Ordnung zu bringen. Ich arbeitete – über allerlei nachdenkend, hatte ich ein leckeres Essen zubereitet, den Tisch gedeckt, war gerade dabei, schlechtgelaunt eine neue Maschine mit Wäsche zu füllen. Ich muß wohl laut gedacht haben, daß es allmählich zum Problem wurde, das ganze Zeug im Haus aufzuhängen, als ich plötzlich die Stimme meines Sohnes Simon hörte, der mich die letzten Augenblicke beobachtet hatte, ohne daß es mir aufgefallen war.

»Mama, ich verstehe dich nicht.
Du hast ein Problem mit der Wäsche.
So eine Kleinigkeit –
wo du doch krank bist.«

Dabei schaute er mich mit seinen großen Kinderaugen ernsthaft an.

Ich fühlte mich wie ertappt, gab ihm jedoch keine Antwort, sondern ließ mir von Simon beim Aufhängen der Wäsche helfen. Dabei fragte ich nach seinen Erlebnissen in der Schule.

Eine kleine Weile später, meine Familie und ich hatten gegessen, ich war dabei, das Geschirr in die Spülmaschine zu räumen, kam Lena vorbei.

»Du siehst aber traurig aus heute«, äußerte sie unvermittelt. »Hast du Schmerzen?«

Ich schüttelte wortlos den Kopf und wandte mein Gesicht ab, da sich die Traurigkeit verstärkte. Lena näherte sich mir und sagte leise: »Weine Elisabeth, wenn du kannst – es ist gut, wenn man weinen kann.«

Ich konnte!

Als ich mich beruhigt hatte und wieder sprechen konnte, teilte ich Lena meine Angst vor der Zukunft mit, daß ich nicht wußte, was ich tun sollte, doch erst 43 Jahre alt wäre – also in der Mitte des Lebens stünde – mir ganz sicher wäre, diese Krankheit zu besiegen, aber ...

»Im Ernst, Elisabeth, machst du es dir im Augenblick nicht zu schwer? Du hast eine konkrete Aufgabe ...«

Ich blickte sie erstaunt an.

»Ja, deine jetzige Aufgabe ist es, gesund zu werden. Du weißt, was du nicht willst, nämlich Hausfrau zu sein. Das ist auch etwas Konkretes. Geh einen Schritt nach dem anderen.«

»Ins Reformhaus geh ich«, knurrte ich, »ich muß wieder Sauerkrautsaft bestellen.«

»Dann begleite ich dich«, schlug Lena vor, »wenn du magst.«

Gemeinsam machen wir uns auf den Weg.

Im Laden, ich hatte meine Bestellungen aufgegeben, dieses und jenes besorgt, sah ich Lena vor einer großen Glasvitrine stehen.

»Da sind ja Steine ...«, sagte sie.

Steine –? Ich ging zu ihr. In zahlreichen Schälchen lagen Steine in allen Größen und Farben. Auf Kärtchen davor waren ihre Namen zu lesen.

Neben der Vitrine lagen auf einem Tisch Bücher ausgebreitet, Bücher über Steine und deren Kraft und Wirkung. Wir blätterten darin und lasen, daß Steine auf den Menschen heilend wirken sollen.

Mein Blick fiel auf einen schwarzen Stein, der sich, als ich ihn in die Hand nahm, angenehm anfühlte. Ich beschloß zu glauben, daß er – der *Obsidian*, wie ich las – zu mir wollte und kaufte ihn zusammen mit einem Buch über Steine.

Zuhause schauten wir im neuen Steinbuch nach der Bedeutung des Obsidians.

»Der Obsidian schützt uns vor negativen Einflüssen und fördert die Klärung emotionaler Blockaden«, las ich vor.

»Außerdem vermittelt er Lebenskraft, stärkt die Konzentration ... und ist für das Scheitel-Chakra bestimmt«, las nun Lena. »Weißt du was über Chakren? Du hast doch mal Yoga gemacht«, fragte sie.

»Das Wort Chakra kommt aus dem Sanskrit und heißt ›Rad‹. Es ist die Lehre von den menschlichen Kraftzentren. Sie sind schwingende Energien, die beim Yoga durch gezielte Übungen aktiviert werden können.«

»Ich habe einige Jahre Yoga gemacht«, fuhr ich fort. »Das hat mir damals gut getan. Ich konnte dadurch positiv mit meinem Streß umgehen. Aber irgendwann habe ich aufgehört. Ich will aber bald wieder damit beginnen, denn Yoga vermittelt mit der Zeit ein neues Bewußtsein. Ich glaube, Yoga kann mir helfen.«

»Dein Obsidian auch«, las Lena erneut vor. »Hier steht, daß er die Hellsichtigkeit des Trägers aktiviert und innere Kräfte freisetzt.«

»Glaubst du an Dinge wie Hellsichtigkeit?« Neugierig sah ich Lena an.

»Ja«, erwiderte sie schlicht, »daran glaube ich. Ich bin davon überzeugt, daß es Menschen gibt, die die Fähigkeit haben, über den Tellerrand der Zeit zu schauen. Wir entwickeln uns alle doch ständig weiter. Manchmal denke ich, jeder hat Veranlagungen, die über das, was wir normal nennen, hinausgehen. Wir müssen sie nur erst entdecken.«

»Du magst recht haben«, stimmte ich zu, »wenn man bedenkt, wie sich der Mensch allein im letzten Jahrhundert entwickelt hat. Die medizinischen Fortschritte, die Psychologie, die oft unglaublichen Fähigkeiten der Sportler. Wir vollbringen Dinge, die vor einiger Zeit als Wunder gegolten hätten.«

»Und du gedenkst, das Wunder zu vollbringen, deinen Krebs zu besiegen«, nickte nun Lena.

»Ja, mit allen Mitteln. Übrigens, in einigen Tagen habe ich einen

Termin bei der Kinesiologin, die mir Ingrid empfohlen hat. Ich will alles versuchen.«

Ich wußte damals nichts von Kinesiologie, außer daß es sich dabei um eine Arbeit am Körper des Menschen handelt. Mit speziellen Muskeltests erkennt der Kinesiologe das körperliche und seelische Befinden des Klienten.

»Mal sehen, was sie bei mir findet.«

Wir verändern uns,
wir müssen uns verändern,
und wir können nicht mehr dagegen tun
als die Blätter im Herbst,
die gelb werden und abfallen.

D.H. Lawrence

XI

September 1993

Wenige Tage später fand dieser Termin statt. Die Motivation, die Kinesiologin aufzusuchen, war, meine bisher gewonnenen Erkenntnisse prüfen zu lassen, noch mehr Licht in die Frage, warum ich *Krebs* habe, zu bringen.

So läutete ich aufgeregt an der Eingangstür von Silvia, der Kinesiologin. Eine freundliche Frau, mädchenhaft in ihrer Erscheinung, begrüßte mich und führte mich ins Haus, in einen großen und hellen, freundlich eingerichteten Raum.

Silvia fragte mich, was mich zu ihr führte. Ich wollte Antworten haben, und zwar nicht von meinem Verstand, sondern von meiner Seele. Ich hatte nur wenige Fragen: »Warum habe ich kein Magengeschwür oder sonst eine Krankheit, sondern Krebs? Soll und kann ich wieder arbeiten, wenn sich meine gesundheitliche Situation positiv entwickelt?«

Silvia arbeitete mit »Muskeltests«. Beim Muskeltest handelt es sich um ein einfaches Testsystem, mit dem die Muskelfunktionen ohne Zuhilfenahme von Apparaten erfaßt werden. Denn: Alle Vorgänge innerhalb des Menschen spiegeln sich im Funktionszustand der Muskeln wider. Muskeltests sind eine Form, mit dem Wissen, das der Körper selbst in sich trägt, zu kommunizieren. Der Körper wird direkt befragt[1], denn nur der Körper kennt die ganze Wahrheit. Durch den Muskeltest gibt der Körper an, wann, wo, was in welcher Reihenfolge getan werden soll.

---

[1] Beim Muskeltest wird die zu testende Person aufgefordert, die zu prüfenden Gliedmaßen (Arm, Bein) gegen den Druck der testenden Person an ihrem Platz zu halten. Die Ergebnisse zeigen sofort, ob eine Krankheit oder Schwäche vorliegt.

Silvia ermittelte meine Problemfelder und deren Reihenfolge. Sie fand heraus, daß absolute Priorität meine Krankheit hatte, danach aber gleich mein Beruf kam. »Da bestehen wesentliche Zusammenhänge, daran haben Sie zu arbeiten.« Sie stellte mir noch Fragen zu meiner Kindheit, meinen Eltern, meiner Ehe und meinem Beruf.

Außerdem hatte ich in den letzten Monaten und Jahren das Gefühl, zu einseitig zu werden, nicht mehr »ich selbst« zu sein. Manchmal verglich ich mich mit einem Roboter, der immer funktioniert. Aber da gab es auch noch mich, meine weiche Seite. Warum setzte ich sie kaum noch ein, warum unterdrückte ich sie? Dieser Teil meiner Persönlichkeit war traurig. Er fühlte sich gefangen und unterdrückt, denn die emotionale Seite wollte leben, fröhlich, kreativ und nachdenklich sein, Träume träumen. Ich fühlte plötzlich, daß ich meine innere Waage ins Lot bringen mußte, um wieder »eins« mit mir zu werden, so wie es einmal war. Was hat mich innerlich getrennt? Das herauszufinden, war entscheidend für mich.

Silvia ermittelte weiter, daß ich mich zur Zeit in Gefühlen von Feindseligkeit »gefangen« sah. Es gab Begrenzungen in meinem Leben. Das Gegenstück dazu war meine Begeisterungsfähigkeit. Ich fühlte ganz deutlich, daß Freude und Begeisterung für mich das Lebenselexier waren, das meine Begrenzungen sprengen würde. Ich wollte meiner Begeisterungsfähigkeit Raum schaffen, sich auszuleben.

Als letztes testete Silvia für mich die Farbe GRÜN aus. GRÜN ist die Farbe der Heilung, die Farbe der Natur, sie wirkt positiv und stärkend. Sie ist die Farbe für das Herz. So wie die Natur im Frühling im grünen Kleid zu neuem Leben erwacht, steht bei mir die Farbe GRÜN für den Neubeginn.

Silvia empfahl mir, in der nächsten Zeit bewußt grüne Kleidung zu tragen. Als ich ihr sagte, daß bei mir im Kleiderschrank nichts Grünes zu finden sei, lachte sie.

Nach diesem Gespräch konnte ich nicht gleich nach Hause. Ich wollte alleine sein, das Erlebte verarbeiten. Deshalb machte ich noch einen langen Spaziergang zu meinem Lieblingsplatz an dem kleinen Bach, den ich in den letzten Wochen so oft aufgesucht hatte.

»Finde zu dir selbst, suche die Zufriedenheit in dir, nimm die Situation als einmalige Chance an«, sagte mir meine weibliche Seite. Mit meiner Krankheit werde ich fertig, da war ich mir ganz sicher. Aber mein Leben ohne meinen Beruf? Warum schwächten mich in letzter Zeit Situationen, die mich früher kaum berührten? Warum hatte sich meine Art und Weise, mit meinem Beruf umzugehen, geändert?

Wenn ich auf mein Berufsleben zurückblicke, dann hatte ich früher Visionen und Ideale, sah, was und wie man verändern kann und muß. Das Alte bewahren, aber nicht stehenbleiben, sondern die notwendigen Schritte tun, um voranzuschreiten. Ich hatte das große Bedürfnis, »Welten« zu verändern. Doch vieles wurde im Keim erstickt, auf Eis gelegt und in der Warteschlange abgeheftet. Ich wollte nicht sehen und verstehen, daß die sachlich-fachliche Seite nicht zu jeder Zeit im Vordergrund steht. Mich begeisterte das große Ziel, und dem hatte sich der Egoismus des einzelnen unterzuordnen. Das war mein Verständnis. Bestimmt hatte ich auch zu hoch stehende Erwartungen und war zu ungeduldig. Heute weiß ich, ich hätte gelassener sein müssen. Doch wie dem auch sei: Ich erlebte Begrenzungen, immer wieder Begrenzungen. Das zog sich durch mein ganzes Leben. Es kostete mich enorm viel Kraft, dieses Spiel der Begrenzungen.

Ich merkte, wie ein innerer Widerstand gegen die Begrenzungen wuchs. Ich spürte, daß sich in mir Kämpfer formierten, um in den Widerstand zu gehen. Ich begann, mich aufzulehnen. Mir wurde auch klar, daß diese Auflehnung gegen mich selbst der Keim für meinen Krebs war. Meine eigene Unterdrückung, das fehlende Ausleben meiner Persönlichkeit, meine Art mich anzupassen, sollten mir zum Verhängnis werden. Alles was ich nicht »außen«, im wahren Leben ausleben konnte, richtete sich nach innen.

Die Rebellen kämpften, wandten sich gegen mich. Sie begannen, meinen Körper zu zerstören. Kämpften in meiner Lunge, meiner

Rippe und in meinem Gesichtsknochen. Die Lunge steht für das Leben, ohne Atem kein Leben. Ja, ich begriff, daß mir mein Krebs den Atem zum Leben nehmen wollte, weil mein Leben nicht mehr im Lot war. Die Knochen halten den Menschen, sie stehen für Standhaftigkeit. Ich mußte einsehen, daß meine Stärke, meine Standhaftigkeit zu wanken begannen. Alarm, jetzt endlich das zu tun, was zu tun ist – frei zu werden und wieder zurückzufinden zu meinem wahren Selbst.

Am Abend, es war eine laue Sommernacht, saßen wir auf der Terrasse, als ich Reinhard von meinem Besuch bei Silvia erzählte. »Ich habe heute meine Entscheidung für mich bestätigt. Ich gebe meinen Beruf auf. Ich möchte alles aus dem Weg räumen, was meine Genesung behindern könnte. Mir ist vieles klar geworden. Die Aufgabe meines Jobs ist wohl der Preis für meine Gesundheit. Ein hoher Preis. Aber ich zahle jeden Preis – für mein Leben.«

So habe ich an diesem Abend das Kapitel »Produktmanagerin« in meinem Leben abgeschlossen. Es wird bestimmt sehr oft weh tun. Es wird Geld fehlen.

Ich will gerne bescheidener leben, dafür gesund sein und mich selbst finden. Es gibt viel Neues zu entdecken, eine friedliche Welt. Ich möchte mit meiner Seele Frieden schließen.

»Zunächst werde ich mich vorrangig um meine Gesundheit kümmern, das hat im Moment absolute Priorität«, beendete ich meinen langen Monolog.

Reinhard war erleichtert. »Eine Entscheidung. Nun kann ich wieder etwas tun. Weißt du, das Schlimmste für mich war die Unsicherheit. Jetzt, da du dich entschieden hast, geht es mir viel besser. Ich hätte jede Entscheidung von dir mitgetragen.«

Wir besprachen unsere finanzielle Situation. »Wir werden Immobilien verkaufen müssen, wenn du nicht mehr arbeitest«, sagte Reinhard ruhig. Unsere finanziellen Entscheidungen basierten darauf, daß ich immer berufstätig bin, das war mein Wunsch. Jetzt war die Situation eine andere. »Tut es dir leid?« »Nein«, war seine Antwort. »Das hat alles keine Bedeutung mehr.«

»Wir fangen nochmals von ganz vorne an. Ein neues, interessantes Leben!« schwärmte ich. Er lächelte mir zu. »Ja, das wünsche ich mir auch.«

Am nächsten Morgen rief ich gleich eine Immobilienhändlerin an und beauftragte sie, unsere Eigentumswohnung so schnell wie möglich zu verkaufen. Ballast abwerfen, nannte ich das.

Aus diesem Kontakt ergab sich eine wundervolle neue Freundschaft. Barbara, eine Frau in meinem Alter, sehr erfolgreich in ihrem Beruf, hatte in jungen Jahren ihren ersten Mann aufgrund einer Krebserkrankung verloren. Die Freundschaft mit ihr bedeutet mir viel.

Wir steigen in denselben Fluß –
und doch nicht in denselben;
wir sind es,
und wir sind es nicht.

Heraklit

XII

Herbst 1993

Eine Grippe machte mir schwer zu schaffen. Ich schwitzte, hatte das Gefühl zu verbrennen und hatte doch kein Fieber. Ich konnte kaum mehr arbeiten, es ging einfach nicht mehr.

Ich fing wieder an zu hetzen, lud mir zu viel auf, meinte, alles zu Hause perfekt erledigen zu müssen. Ich mußte mir mehr Ruhe gönnen. Das war das Wichtigste. Mein Körper setzte Signale. Ich hatte Rückenschmerzen und meine Augen waren wieder geschwollen. Warum? Der Entscheidungsprozeß »Wie geht es weiter mit mir?« laugte mich aus. Es kostete viel Kraft. Meine Gedanken kreisten unaufhörlich um meinen Beruf. Ich fühlte mich stark unter Druck gesetzt – vor allem von mir selbst!

»Andere arbeiten auch – trotz ihrer Krebskrankheit«, sagte ich mir immer wieder. Ich hatte fast ein schlechtes Gewissen, meine »Pflicht« nicht zu tun, nicht am Schreibtisch zu sitzen und zu arbeiten, als ob nichts geschehen wäre. Man fragte nach mir, nach meinem Befinden, und rechnete bestimmt mit meiner baldigen Rückkehr, denn keiner konnte sich vorstellen, daß ich es ohne meine Arbeit »aushalten« konnte.

»Die nächsten Jahre sind für Sie entscheidend, Sie sollten Ihren Beruf nicht mehr ausüben, denn Streß ist sehr schädlich für Sie«, sagte mir eine Ärztin noch bei meinem letzten Krankenhausbesuch.

Ich wußte es längst.

Ja, ich kann und darf nicht wieder arbeiten. Ich schaffe das nicht, auf der einen Seite gegen den Krebs und den Tod zu kämpfen und auf der anderen Seite wieder an der beruflichen Front zu stehen. Ich habe Angst um mein Leben.

Ich wußte, daß ich meine Krankheit nur dann besiegen konnte, wenn ich die »Auslöser« fand und beseitigte.

Ich lebte in einer Zeit großer persönlicher Veränderungen. Eine Zeit des Abschiednehmens und der inneren Klärung. Ich hatte meine Aufgabe gefunden. Sie lag darin, loszulassen und dort, wo ich noch negative Gedanken verspürte, zu verzeihen.

Die nächsten Wochen verliefen in eifrigem Tun. Unser Umzug machte große Fortschritte. Mein Bruder, seine Frau und einige Freunde halfen dabei. Mein Bruder, der ein leidenschaftlicher Hobby-Handwerker ist, legte einen Holzfußboden. Er las mir jeden Wunsch von den Augen ab, um mir eine Freude zu machen. Das war seine liebe Art, mir zu helfen.

Simon freute sich riesig über das geschäftige Treiben im Haus. Er bezog nun auch einen anderen Raum, gewann dadurch ein neues, größeres Kinderzimmer. Es gelang ihm mühelos, seine »katastrophale« Unordnung in sein neues Reich zu retten. Damit lebe ich großzügig, es ist ja *seine* Unordnung.

So verlief der Umzug zügig – mit viel Heiterkeit. Überhaupt waren diese Wochen des *frühen Herbstes 1993* schön.

Im Monat des Umzugs heiratete meine Nachbarin. Wir waren eingeladen. Nach fünf Monaten »Quarantäne«, ich hatte mich zurückgezogen, Kontakte ruhen lassen, um in der Stille meine Aufgaben zu bewältigen, mein erster Auftritt in der »Öffentlichkeit«.

Ich wollte einfach schön sein. Keiner sollte sehen und spüren, daß ich krank war und mir vielleicht nur noch wenige Jahre zu leben blieben.

Bei Hochzeiten muß ich immer weinen, das ist einfach so. Doch bei dieser Hochzeit wollte ich fröhlich sein, den Tag und die Menschen genießen und mich von der frohen Atmosphäre einfach mitreißen lassen. So kam es auch. Die Braut sah aus wie eine schöne Fee. Ich hatte mich für mein sonnengelbes Kostüm entschieden, dazu trug ich meinen schwarzen Hut mit breiter Krempe aus Spanien. Ich gefiel mir sehr und den anderen auch.

Bei dem feierlichen Gottesdienst strahlte ich, dachte zurück an unsere Hochzeit, die in der gleichen geschichtsträchtigen Kirche stattgefunden hatte.

Erinnerungen wurden wach an eine glückliche und unbeschwerte Zeit. »Warum kann das nicht wieder so werden?« fragte ich mich. »Es wird wieder so werden, dafür kämpfe ich!«

Am Nachmittag konnte ich mich vom herrlichen, nicht enden wollenden Kuchenbuffet kaum lösen. Vor der Krankheit hätte ich meinen Bedürfnissen nachgegeben, nicht nur ein Stück dieser herrlichen Torten probiert, sondern zahlreiche. Bei Bärbels Hochzeit aßen nur meine Augen, mir reichte ein kleines Stückchen »Magerkuchen« ohne Sahne.

Es war ein schöner Tag. Ich vergaß meine Krankheit, meine Ängste, meine Zweifel. Ich genoß diesen Tag, ja ich atmete mit jedem Atemzug das fröhliche Leben und Treiben ein, bis spät in die Nacht.

Obwohl durch meine Krankheit und die damit verbundenen Therapien zuweilen körperliche Beschwerden auftraten, obwohl ich oft unter einem Juckreiz litt, mich heiß fühlte, auch häufig nicht schlafen konnte, obwohl ich müde und erschöpft war, war ich im Herbst des Jahres 1993 seelisch wohlauf. Die Beschwerden belasteten mich nur am Rande. Ich sprach zu Hause auch nicht darüber, sondern hielt mich strikt an meinen Ernährungsplan, nahm die verordneten Medikamente und erschien pünktlichst zu meinen Klinikterminen. Meine neue Gedankenwelt, die Steine, die Bach-Blüten begleiteten mich, und ich freute mich, diese Dinge für mich entdeckt zu haben.

Ich dachte in dieser Zeit viel über mich nach, über mein Leben, suchte das Gespräch darüber mit Reinhard. Dabei half mir auch weiterhin die Lektüre von Dahlkes Buch »Krankheit als Sprache der Seele«. Um der Krankheit Einhalt zu gebieten, bietet der Autor die Lösung an, individuelle Bedürfnisse zu bejahen, diese zu leben. »Für den Krebspatienten geht es zuallererst darum, sich in Bewegung zu setzen, zu wachsen, sich zu wandeln und zu entwickeln.«[1]

---

[1] Rüdiger Dahlke, s. S. 49

Das galt auch für mich. Dazu gehörte, *nein* sagen zu lernen, was mir immer noch schwer fällt, den eigenen Willen zu spüren, den Aufstand zu proben gegen starre Regeln, auszubrechen aus zu engen Strukturen, anderen nahe und zu nahe zu treten. So wie die Krebszelle etwas aus sich macht, müssen die Patienten etwas aus ihrem Leben machen.

Natürlich wußte ich in dieser Zeit noch nicht, was ich *nun* aus meinem Leben machen wollte, ich wußte nur, ich wollte lernen, eintauchen in neue Lebensmöglichkeiten, neue Gedanken und allerlei ausprobieren.

Meine Krankheit, so spürte ich, war ein Zeichen, mich *meinem* Leben stellen zu müssen und das auch zu wollen. In dieser Zeit wollte ich einfach nur suchen ... Im *Oktober 1993* sollte ich ein erstes Ergebnis dieser »Suche« erfahren.

Unglück wird zu Glück,
wenn man es bejaht.

Hermann Hesse

XIII

Oktober 1993

In der Klinik hatte ich einen Termin zu einer neuen Röntgenaufnahme meiner Lunge. Als die Aufnahme gemacht war, trödelte ich, entgegen meiner Gewohnheit, noch im Flur der Klinik herum. Ich weiß gar nicht mehr, ob ich den nächsten Untersuchungstermin noch erfahren wollte oder welche inneren Gründe mich noch warten ließen. Jedenfalls holte mich die Krankenschwester, die bei der Untersuchung zugegen war, und rief mir strahlend zu: »Der Arzt läßt Ihnen sagen, daß die Aufnahme sehr, sehr positiv aussieht.«

Ich war verblüfft!

Wenige Tage später teilte mir der Professor die gute Nachricht im Detail mit: »Es ist eine Remission eingetreten; Ihre Lungenmetastase bildet sich zurück.«

Ich dankte dem Mann, der mir ernsthaft antwortete:

»Sie waren es selbst.«

Ich selbst –?

Meine Freude war unbeschreiblich groß. Ein Heilungsprozeß hatte eingesetzt.

Überglücklich lief ich nach Hause.

Als Reinhard nach Hause kam, öffneten wir eine Flasche Champagner und feierten die gute Nachricht.

An diesem Tag war die Welt nur noch hell und sonnig.

Simon durfte ganz lange aufbleiben, ich erklärte immer wieder erhitzt, daß ich gewußt hatte, es zu schaffen, den Weg der Gesundheit zu finden: »Ich weiß, in ein paar Monaten bin ich wieder *ganz* gesund.«

Mitten in der fröhlichen Stimmung fragte mich Reinhard: »Wenn du wieder *ganz* gesund bist – was willst du dann tun?«

Ich erklärte ihm: »Einen Teilerfolg in meiner selbstgestellten Aufgabe, den Krebs zu bekämpfen, habe ich erreicht. Ich möchte meine ganzheitliche Therapie fortsetzen, bis ich wieder völlig gesund bin. Ich darf nicht mehr zurück in mein »altes« Leben. Das spüre ich ganz deutlich. « »Aber was dann?« » Es wird etwas Neues entstehen, auch wenn ich noch nicht genau weiß, was das sein wird. Da bin ich mir ganz sicher, denn ich wünsche es mir so sehr.«

»Ich wünsche dir von Herzen«, so Reinhard, »daß du etwas findest, wo du alle deine Fähigkeiten nutzen kannst.«

»Das wäre schön«, bestätigte ich. »Jetzt weiß ich zumindest schon, daß ich an mir arbeiten, mit meinen Gefühlen leben und darauf vertrauen will, meinen Weg zu finden.«

So freuten wir uns alle an dem »Wunder« – wie ich den Lungenbefund nannte –, vertieften uns in lange Gedankenspiele über Zukunftsmöglichkeiten, und ich schloß mit der Überlegung: »Nachdem sich mein Befinden entscheidend verbessert hat, möchte ich nochmal zu der Kinesiologin gehen.

Vielleicht kann ich mir in einem zweiten Gespräch mit ihr etwas klarer über meine berufliche Zukunft werden. Ich habe den Eindruck, daß ich meine Aufgaben im ›alten‹ Berufsleben erfüllt habe.

Andere sterben an Krebs. Ich habe ein erstes positives Ergebnis. Ich fühle, daß es neue Ziele in meinem Leben gibt. Darauf freue ich mich. Wann kann ich neu beginnen?«

Reinhard schaute mich lächelnd an.

Was du tust,
erscheint vielleicht nicht wichtig;
aber es ist sehr wichtig,
daß du es tust.

Mahatma Gandhi

XIV

Zweite Begegnung mit der Kinesiologin

Einige Tage später stand ich erneut – frohgelaunt – vor Silvia. Ich wußte inzwischen, daß sie die geschiedene Frau meines Arztes in der Strahlentherapie war. Er arbeitete mit medizinischen Energien, den Strahlen. Sie arbeitete mit ganz anderen Energien. Beide behandelten mich. Er meinen Körper mit den Metastasen und sie meine Seele. War das Zufall?

Silvia fragte auch diesmal, warum ich sie aufgesucht habe. Ich teilte ihr mit, Klarheit über die nächsten Schritte in meinem Leben gewinnen zu wollen. Meine Frage hieß: »Welche neue Aufgabe erwartet mich?«

Sie schlug ein »Rollenspiel« vor. In dem großen Raum wurden drei Plätze gewählt und jedem Platz eine entsprechende Situation zugeordnet. Als erstes hatte ich körperlich auszudrücken, wie ich mich fühlen würde, wenn ich nur Hausfrau wäre.

Wohl scheußlich. Ich stand in mich gekehrt, mit herabhängenden Schultern, die Hände verkrampft, verschüchtert auf dem Platz. Silvia ließ mich eine Weile so stehen. Unvorbereitet, in dieser Haltung verharrend, begann ich plötzlich jämmerlich zu weinen.

Anschließend wechselte ich zum zweiten Standort. Hier sollte ich mich innerlich fragen, ob mir die Situation gefiele, Hausfrau zu sein und gleichzeitig einen Halbtagsjob auszuüben.

Ganz spontan rief ich: »Nein, das kommt überhaupt nicht in Frage. In dieser Konstruktion geht eines zu Lasten des anderen. Ich habe das Gefühl, daß ich so nichts richtig machen kann. Das *will* ich nicht. Ich würde mich zerrissen fühlen, da beides seine Zeit braucht.«

Zuletzt ging ich zur dritten Position. Silvia sprach nur das Wort: »Karriere«, als ich schon mit leuchtenden Augen, mich kraftvoll fühlend, meinem Körper viel Raum gebend, ausrief: »Das ist es!«

Beim anschließenden Muskeltest war das Ergebnis, daß es für mich kein Problem sei, Hausfrau auf Zeit zu sein, generell jedoch – NEIN.

Die Kinesiologin sagte dazu: »Du bist so voller Kraft. Du mußt darauf achten, diese Kraft auszuleben, sie auf keinen Fall zu unterdrücken, das kann gefährlich sein. Stehe zu diesem Teil von dir, der sehr ausgeprägt ist und leben will. Diesen Part nicht zu leben, wäre falsch. Versuche, die Stärken der Vergangenheit mit den Erkenntnissen des Neuen zu verbinden; sieh nicht nur schwarz oder weiß. Mach dich davon frei, jetzt eine Entscheidung treffen zu müssen; setze dich nicht unter Zeitdruck, bejahe generell Möglichkeiten und Chancen.«

»In meiner langjährigen Berufstätigkeit war es eben meine besondere Fähigkeit, rasche, treffsichere Entscheidungen zu fällen, daran keine Zweifel zu hegen, sondern sie konsequent umzusetzen.«

Silvia war der Ansicht, daß meine damalige Situation mir fast wie ein »Zuhause« vertraut war. Daher waren die Entscheidungen überschaubar. Hingegen war mir die neue Situation unbekannt. Sie mußte erst erfahren, kennengelernt werden.

Zum Abschied sagte Silvia mir, daß das nächste Thema für mich der *Friede* sei.

Frieden mit mir selbst.

Nachdenklich verließ ich sie.

Auch nach diesem Gespräch mit Silvia machte ich einen Umweg über den Waldweg zu dem kleinen Bach. Das klare Quellwasser beruhigte mich und brachte mir Klarheit. So konnte ich für Augenblicke in die Stille gehen und im Dialog mit meiner Seele meine Fragen beantworten.

»Was ist Frieden für mich, was bedeutet mir Frieden?«

»In Harmonie zu leben und zu arbeiten nach den Grundsätzen der Wahrhaftigkeit und Liebe.«

Ich erinnerte mich, daß ich ganz am Anfang meiner Karriere mit meiner Seele eine Vereinbarung getroffen hatte. »Ich möchte Karriere machen, viel bewegen, dafür auch einen hohen Preis bezahlen, aber nicht jeden Preis. Solange sind für mich Leistung und auch Streß in Ordnung, solange nicht meine Lebensgrundsätze der Wahrhaftigkeit und der Liebe verletzt werden und keine Menschen zu Schaden kommen.«

Bei Ausbruch meiner Krankheit waren diese Lebensgrundsätze erschüttert. Ich konnte nicht mehr bleiben, wie ich war. Mir war klar geworden, daß ich auf das »Neue« warten mußte, in Geduld. Das Neue würde dann kommen, wenn die Zeit reif war.

Daheim war Lena eine Überraschung gelungen. Auf dem runden Tisch fand ich, als Bonbon verpackt, einen neuen Stein in Blau. Wie gewohnt, saßen wir bald darauf mit dem Steinbuch lesend und plaudernd bei einer Tasse Tee zusammen.

»Ein Lapislazuli ist das«, strahlte Lena. »Hübsch nicht? Ich dachte, den brauchst du. Es ist der Stein für den Frieden.«

»Frieden?!« Ich war perplex und erzählte ihr ausführlich von meinem zweiten Besuch bei der Kinesiologin: »Meine nächste Aufgabe ist, den inneren Frieden zu finden. Ist das nicht verrückt?«

Lena lachte nur und las aus dem Buch vor: »Der Lapislazuli verstärkt unsere feinfühligen Anlagen und hebt in jedem Fall unser Bewußtsein. Er nimmt uns unsere Ängste und löst Blockaden im Gefühlsbereich. Er hilft uns, Verdrängtes besser zu verarbeiten. Seine Wirkung als Stein der Liebe und Freundschaft ist weltweit bekannt.«

Nach einer Weile, ich war allein, dachte ich nochmals über meinen Besuch bei der Kinesiologin nach. Wie schon so oft, stellte ich mir auch jetzt wieder die Frage, warum ich Krebs bekommen hatte.

Meine Augen betrachteten nachdenklich den neuen Lapislazuli. Die Gedanken wanderten, noch einmal erlebte ich für mich die kleinen Rollenspiele und kam zu der Erkenntnis, daß mein jetziges Thema der Friede sei.

»Eigentlich weißt du das selbst«, meldete sich nun meine innere Stimme zu Wort. »Es ist die einzige Möglichkeit für dich, mit deiner Situation zu leben und aus ihr zu lernen. Nur der innere Friede mit dir selbst, die Bereitschaft zu einer inneren Ruhe gibt dir die Möglichkeit, das Gewesene zu erkennen, zu betrachten, um es dann zu verstehen. Die Vergangenheit kannst du nicht ändern.

Du bist im Heute – mit all deinen Erfahrungen und hast die große Chance, dir zu vertrauen und wirklich Verantwortung für dein Leben zu tragen. Die Krankheit gibt dir Zeit, viel Zeit sogar, um zu dir selbst zu finden. Selbst wenn du nicht mehr in deinen alten Beruf zurückgehst, kannst du dir dennoch ein angenehmes Leben ermöglichen, vor allem durch die Freuden des Lernens, der Arbeit an dir selbst.«

»Frei sein«, dachte ich plötzlich.

Vielleicht findet man die wirkliche Freiheit nur in sich selbst. Vielleicht findet man alles nur in sich selbst.

Nochmals eilten meine Gedanken zu dem großen Wort Frieden. Ich sah Silvia erneut vor meinem inneren Auge und entschloß mich, sie anzurufen.

Wir telefonierten erstaunlich lange. Zuerst sprachen wir vom vorherigen Zusammensein, Silvia erzählte ein wenig von ihren beiden Kindern, ich von Simon. Im Verlauf des Gespräches erkundigte ich mich, ob sie ausschließlich mit Kinesiologie arbeite.

Ein heiteres Lachen vernahm ich, und Silvia erklärte mir, daß sie in vielen ganzheitlich orientierten Gebieten tätig sei. Unter anderem arbeite sie mit »Aura Soma« und »Reiki«. Vor allem das letztere war ihr sehr lieb, da durch Reiki Körper, Geist und Seele harmonisch verbunden werden.

»Was ist Reiki?« fragte ich.

Ich erfuhr, daß unter Reiki eine universelle Lebenskraft verstanden wird. Dieses alte Heilverfahren wurde im 19. Jahrhundert von Dr. Mikao Usui, einem Mönch in Japan, wiederentdeckt.

Bei Reiki geht es darum, die universelle Lebensenergie durch Auflegen der Hände zu übertragen.

Als Silvia mir Reiki kurz erklärt hatte, fragte sie, ob ich Lust hätte, damit Erfahrungen zu machen. Gerne würde sie mich zu einer Reiki-Behandlung einladen. Ehe ich mich versah, hatten wir einen Termin vereinbart.

Und zwar schon für die kommende Woche.

Und Ihr werdet die Wahrheit erkennen,
und die Wahrheit wird Euch frei machen!

Johannes 8,32

XV

Reiki erfahren

An den folgenden Tagen konnte ich es kaum erwarten, zu Silvia zu gehen. Innerlich war ich aufgeregt und wie ein Kind voller Vorfreude. Meine früheren, düsteren Gedanken über meine Krankheit hatten keinen Platz in diesen Tagen. Ich war sehr aktiv und suchte regelrecht nach Arbeit, die in einem Haus mit Garten jedoch nicht schwer zu finden war.

Daher war ich sehr froh, als mir meine Schwägerin den Vorschlag machte: »Wir wollen gemeinsam deinen Garten richten, der hat es ganz schön nötig.«

Ich liebe meinen Garten sehr, die Statuen aus dem Süden, die Buchsbaumhecke, die alten Moosrosen mit dem bezaubernden Duft aus dem Garten meiner Großtante, der Efeu, der mich an einen verwunschenen Märchengarten erinnerte. Doch der Garten war vernachlässigt worden in den letzten Wochen.

Beate und ich verbrachten viele Stunden damit, wieder Ordnung zu schaffen. Wir legten neue Beete an und erfüllten mir einen kleinen Traum, indem wir eine lauschige Ecke mit einer Sitzbank aus alten Sandsteinen unter dem weißblühenden Jasmin gestalteten.

Die Ablenkung tat mir gut. Abends lief ich ganz stolz durch mein kleines Paradies. Ein schöner Tag mit Beate, ihre liebe und ausgleichende Art war wie Balsam für meine Seele. Die Arbeit tat mir ebenfalls gut, denn sie half, meine Ungeduld zu zähmen.

Reinhard hatte viel in der Firma zu tun und gab sich am Abend schweigsam.

Simon dagegen ging großzügig mit seiner Zeit um. Er hatte einen neuen Freund in der Schule gewonnen. Rudi, einen netten blonden Jungen aus seiner Klasse. Den ganzen Tag steckten die beiden zusammen, entweder bei uns oder bei Rudis Familie.

Die Tage vergingen wie im Flug und ich stand endlich vor der nun schon vertrauten Praxistür, um Reiki an mir zu erfahren.

Nach einer liebevollen Begrüßung schaltete Silvia ihre Stereoanlage an. Schöne Gitarrenmusik war zu hören. Dann bat sie mich, mich auf der Matratze am Boden gemütlich hinzulegen. Ich schloß meine Augen und lauschte der Musik, fühlte mich rasch entspannt. Silvias Nähe spürte ich zuerst an meiner Seite, nahm wahr, wie sie mit einer großen Handbewegung mehrmals über meinen Körper strich. Dann setzte sie sich leise an meinen Kopf, ihre kühlen Hände legten sich auf meine Augen. In diesem Moment verstärkte sich kurzzeitig das Klopfen meines Herzens, aber nach einer kurzen Weile siegte die Ruhe in mir und ein wohliges Körpergefühl machte sich breit.

Die Hände auf mir wechselten etwa alle paar Minuten ihre Position; sie ruhten zuerst im Gesicht, um dann über die Schultern verschiedene Körperpartien zu berühren. Als ihre Hände sich meinem Herzen näherten, spürte ich innerhalb kurzer Zeit eine große Traurigkeit in mir, die sich rasch verstärkte, so daß ich schließlich zu weinen begann und schluchzend auf der Matratze lag. Silvias Hände blieben ruhig liegen, allmählich beruhigte ich mich wieder. Langsam wichen die Tränen einem intensiven Wärmegefühl im Körper. Gegen Ende der ersten Behandlung, die knapp eine Stunde dauerte, kehrte eine große Ruhe in mir ein. Meine Aufmerksamkeit hatte sich nach innen gerichtet.

Als Silvia die Reiki-Anwendung beendet hatte, gingen wir nachdenklich auseinander. Ich wollte nicht mehr reden, sondern kehrte still nach Hause zurück. Daheim erzählte ich nichts, sondern wollte allein sein und ging an diesem Tag früh zu Bett.

Gleich am nächsten Tag hatte ich die zweite Behandlung. Wortlos legte ich mich wieder auf meinen Platz und lauschte wie am Vortag mit geschlossenen Augen der leisen Musik im Hintergrund. Mein Herzklopfen war geringer, als Sylvia ihre Hände auf meine Augen legte. Ich wurde ruhiger – immer ruhiger.

Heute weiß ich nicht mehr, ob ich eingeschlafen bin. Jedenfalls fühlte ich mich am Ende dieser Behandlung, als ob mich jemand aus einem erholsamen Schlaf geweckt hätte. Eine große Ausgeglichenheit war in mir.

Die beiden letzten Reiki-Anwendungen verstärkten das gute Körpergefühl. Ich fühlte mich gekräftigt, sehr wachsam – und wohl.

Bei der dritten Anwendung hatte ich vor meinem inneren Auge gesehen, wie eine rote, glühende Lavamasse brodelnd durch meinen Blutkreislauf floß. Bei der vierten das gleiche Bild, nur floß diesmal sprudelndes, klares Quellwasser durch meinen Körper. Am Ende des vierten Besuches, voller Freude im Herzen, erzählte ich Silvia munter, wie positiv ich ihre Arbeit empfunden hatte. Ich erkundigte mich, ob ich denn Reiki auch selbst lernen könnte, um es bei meinen Freunden und mir anzuwenden.

Silvia ist Reiki-Meisterin und kann somit Reiki weitergeben. Sie erklärte mir, daß im Grunde jeder einem anderen Menschen die Hand auflegen und die universelle Energie übertragen kann, jene Kraft, die die Grundlage allen Lebens bildet.

Das Gehörte faszinierte mich.

Silvia berichtete, daß sie regelmäßig Menschen in die verschiedenen Reiki-Grade einweihte. Sie sagte, daß bald ein Reiki-I-Seminar für Paare stattfände und fragte mich, ob ich alleine, ohne meinen Mann teilnehmen wollte. Ich wollte.

Ich kannte meinen Mann zu gut, um zu wissen, daß ich ihn nicht zu Reiki überreden durfte. Es wäre aus meiner Sicht ein Fehler, vom Ehepartner zu verlangen, ohne eigenen Grund für ihn den neuen Weg des Partners sofort mitzugehen.

Es wächst mir ein Himmel
auf Erden entgegen,
wenn meine Augen es wollen.

Roland Leonhardt

XVI

Geburtstag 1993

Ich hatte den großen Wunsch, meinen Geburtstag allein mit meiner Familie im Süden, am Meer zu verleben. »Den Wunsch erfülle ich dir sehr gerne«, war Reinhards Reaktion. Wir beschlossen, in den Herbstferien wieder für eine Woche nach Spanien zu fahren.

Ich mußte einfach weg von zu Hause, denn meine Gedanken kreisten ununterbrochen um meinen Beruf.

Ich weinte viel, war traurig in dieser Zeit. Jeder Kontakt mit ehemaligen Kollegen, jedes Gespräch über die Firma senkten meine Stimmung, ja sie bereiteten mir seelischen Schmerz.

In diesen Tagen festigte sich mein Wunsch, mein Hausfrauendasein irgendwann einmal zu beenden. Die Zeit jetzt wollte ich »genießen«, so gut das eben ging, und mir einen großen Traum erfüllen, nämlich einzutauchen in ein Wissen, das mich körperlich, geistig und seelisch weiterbringen sollte. Ich hatte endlich Zeit, mich mit den alten Weisheiten der Menschheit und auch mit medizinischen Themen zu beschäftigen.

Es sollten drei Säulen sein, auf die ich mich zur Bewältigung meiner Situation im nächsten Jahr konzentrieren wollte. Ich nahm mir vor, das Yoga-Thema zu vertiefen, eine Ausbildung als Lebensberater zu machen und noch einen weiteren Schwerpunkt im medizinischen Bereich auszuwählen.

Für den Herbsturlaub plante ich, schöne Tage mit der Familie zu erleben und mir auch Zeit für mich selbst zu nehmen.

Mein 43. Geburtstag war gleichzeitig unser 19. Hochzeitstag – und das in Spanien! Reinhard und Simon machten ein herrliches Frühstück und bereiteten mir einen liebevollen Gabentisch mit einem wundervollen gelben Blumenstrauß und vielen Päckchen, die mit großen Schlaufen verziert waren.

Simon überreichte mir ein selbstgemaltes Bild, das unser kleines Haus in leuchtenden Farben darstellte.

Mit einem Glas Cava stießen wir auf unseren Hochzeitstag und meinen Geburtstag an und ich überlegte mir, was mir mein Mann wohl mit den gelben Blumen sagen wollte, schließlich glaubte ich nicht mehr an Zufälle. Gelb ist die Farbe der Sonne und des Lichts. Als Aufgabe bedeutete diese Farbe, Öffnung für das »Sonnige« im Leben, für schöpferischen Austausch. Ja, so wollte ich mein neues Lebensjahr angehen.

Der Himmel war grau an diesem Tag und es regnete leicht, so nahm sich Simon für den Nachmittag ein großes Lego-Projekt vor, Reinhard wollte in die Sauna und ich freute mich auf meinen Lieblingsspaziergang ans Meer. Mein Weg führte mich nach S' Agaró. Für mich sind dieser Ort und diese Landschaft das Paradies auf Erden. Ich verbringe hier immer viele Stunden meines Urlaubs.

S' Agaró ist eine Villensiedlung, klein, exklusiv und elegant. Dieses Kleinod entstand 1923 nach den Vorstellungen eines Geschäftsmannes aus Girona, der den Plan hatte, eine Siedlung ganz besonderer Art zu erstellen. Auf Klippen wurden luxuriöse Häuser gebaut, die sich an die Felsen schmiegen oder sich in Pinienhainen verstecken. Traumhafte Gärten, jeder ein kleines Paradies für sich, viele Aussichtspunkte und ein atemberaubender Rundweg – »Cami de Ronda« – tragen zu einer unvergleichbaren Atmosphäre bei. Die Siedlung ist umgeben von zwei Stränden; sie gehören zu den schönsten der spanischen Nordküste.

Beim Strand von Sant Pol begann mein Weg. Wie immer setzte ich mich ans Wasser und schaute hinaus auf das weite Meer. Der Sand war feucht, gut zum Burgen bauen, dachte ich.

»Wieviele Geburtstage hast du noch?« fragte mich meine innere Stimme. »Ich weiß es nicht, ich will es auch gar nicht wissen.« Traurigkeit überfiel mich. »Ja, ich hänge am Leben, kämpfe um jedes Jahr .... Wie schön ist es hier, ich will es genießen, jede Minute.«

Ich atmete tief ein – jeder Atemzug ist ein neues Leben – die feuchte Luft tat gut.

Ich wischte mir die Tränen aus den Augen, vorwärts ... es wird alles gut ...

An diesem Tag war niemand unterwegs, bei diesem Wetter war ich alleine.

Ich genoß den Weg entlang der felsigen, durch kleine Buchten gegliederten Küste, vorbei an den Villen und gepflegten Gärten. Das Meer war aufgewühlt. Die hohen Wellen peitschten gegen die Felsen. Es war aufregend.

Meine Gedanken hingen wieder mal an meiner Vergangenheit, selbst an diesem Tag meiner so ganz persönlichen Feste dachte ich an »meine« Firma und an meinen Beruf. »Kann das nicht aufhören?« fragte ich mich.

So beschloß ich, von nun an noch intensiver daran zu arbeiten, meine Vergangenheit loszulassen – in Liebe.

Wer im Leben ständig zurückschaut, hat sein Leben gelebt. Für mich wird es ein neues Leben geben, ein erfülltes Leben und dafür lohnt es sich zu kämpfen. »Ich halte durch, komme was wolle!«

Zu Hause wurde ich gutgelaunt von Reinhard und Simon erwartet, die sich schon auf ein schönes Abendessen in unserem Lieblingsrestaurant freuten.

Die Tage im Süden vergingen schnell. Wir hatten noch ein wenig die Sonne genossen und das Gefühl, wieder Lebensenergie »aufgetankt« zu haben.

Wach sein
ist alles.

Buddha

XVII

Dezember 1993

Daheim wuchs meine Aufregung vor dem nahen Wochenende, an dem ich meinen ersten Grad in Reiki erhalten sollte.

Voller Erwartung traf ich am Samstagmorgen in Silvias Praxis ein.

Als ich dann die anderen Teilnehmer, alles Paare in vertrauter Stimmung, sah, kam ich mir doch etwas verloren vor.

Ein Mann aus Silvias Reiki-Kreis hatte sich bereit erklärt mitzumachen, damit mir die Teilnahme ermöglicht wurde. Ein sympathischer Typ, der ein alternatives Leben führte, ein so ganz anderes Leben als ich.

Silvia hatte eine behagliche, einladende Atmosphäre in dem geräumigen Zimmer geschaffen. Ein Duftlämpchen, ebenso Kerzen, leise Musik begrüßten uns, auf dem Boden lagen für jeden gemütliche farbige Kissen im Kreis geordnet, auf denen wir uns niederließen.

Mit wenigen einführenden Worten erklärte Silvia den bevorstehenden Verlauf des Seminars und stimmte uns auf Reiki ein.

Anschließend zeigte sie uns die verschiedenen Positionen der Hände, um uns oder anderen Reiki geben zu können.

Schon nach wenigen Stunden spürte jeder im Raum, daß mit ihm etwas passiert war. Jeder machte die Erfahrung, daß wirklich eine Energie durch seine Hände floß.

Reihum gaben wir uns Reiki. Die anfängliche Hemmung, fremde Menschen am ganzen Körper zu berühren, verflog rasch. Alle fühlten sich wohl, entspannt und zugleich kraftvoll.

Diese feinfühlige »Energiearbeit« an sich selbst und anderen verändert. Silvia erklärte, daß bei jedem eine Wandlung stattfinden kann, da die Reiki-Energie Entwicklungen beschleunigt.

»Reiki bringt immer die Wahrheit«, betonte sie. »Es kann sein, daß lang Verdrängtes wieder in das Bewußtsein zurückkehrt, was zuweilen unbequem sein mag. Reiki hilft auch, Dinge zu verändern, die Mut erfordern. Seit euch darüber im klaren, daß ihr für euer Leben und auch für eure Gedanken die Verantwortung tragt. Körperlich könnt ihr mit Reiki Schmerzen lindern und durch die Entspannung die Selbstheilung fördern. Hinzu kommt, daß bei einer Reiki-Anwendung der Empfangende so viel Energie aufnimmt, wie er gerade benötigt. Ihr als Gebende seid Kanal und werdet selbst von der Reiki-Energie positiv durchströmt.«

Wir alle konnten Silvias Worte bestätigen. Diese zwei Tage mit Reiki, dem Geben und Empfangen von Reiki, den jeweils am späten Nachmittag anschließenden Meditationen, dazwischen die Gespräche, der Austausch der gesammelten Erfahrungen, das bewirkte eine positive, kraftvolle Veränderung. Ich machte ähnliche Erfahrungen. Ich hatte das große Vertrauen gewonnen, alte Erfahrungen in mein neues Leben integrieren zu können. Meine Ängste vor der Zukunft meldeten sich seltener und körperlich fühlte ich mich soweit ganz gesund. Ich war froh, diesen Reiki-Schritt getan zu haben.

An einem der folgenden Tage entschied ich, den alten Doktor, den Vater meiner Kollegin, wieder einmal zu besuchen, ihm zu danken und von der Remission, dem »Wunder«, zu erzählen.

Er empfing mich sehr erfreut.

Neugierig schaute er mich an.

Ich erzählte ihm von dem Termin in der Klinik, dem guten Ergebnis und entschuldigte mich, daß ich so lange Zeit hatte verstreichen lassen, bis mein Weg mich zu ihm führte.

Die Entschuldigung nahm er lächelnd zur Kenntnis. Über die Nachricht, daß meine Lungenmetastase sich zurückbildete, freute er sich aufrichtig. »Auch wenn Sie jetzt einen so guten Befund haben, beachten Sie bitte immer strikt meinen für Sie ausgearbeiteten Ernährungsplan. Achten Sie auf die Ausgewogenheit der angegebenen Vitamie und Mineralien. Verlieren Sie die gesamtheitliche Therapie nicht aus den Augen, denn aus eigener Erfahrung kann ich Ihnen versichern, daß Patienten, die diese abbrachen, häufig einen ernsten Rückfall erlitten, oft erst nach Jahren, obwohl sie inzwischen als gesund galten.«

»Haben Sie eigentlich damals Ihr Haus von einem Wünschelrutengänger untersuchen lassen?« fragte er gleich darauf.

Ich konnte seine Frage bejahen und schilderte den Besuch von Frau Velscher, ihre für mich verblüffenden Ergebnisse und bestätigte den von ihm damals angekündigten Umzug.

Der Mann nickte:

»Kaufen Sie sich noch neue Matratzen. Möglichst aus Roßhaar, Schafwolle oder Roggenstroh. Übrigens, in einigen führenden Kliniken werden die Schlafplätze der Patienten mit Hilfe eines guten Wünschelrutengängers ausgesucht. Wußten Sie das?«

Ich wußte es nicht, war jedoch nicht erstaunt. Nach meinen bisher gesammelten Erfahrungen wunderte mich nahezu nichts mehr.

Ein klein wenig plauderten wir noch, der Arzt und ich. Dann verabschiedete ich mich bis auf weiteres von ihm.

Den Jahreswechsel wollten wir gemeinsam in Ruhe und Besinnlichkeit verleben. Festlich gekleidet aßen wir Sylvester daheim zu Abend. Jeder erzählte von seinen Wünschen fürs kommende Jahr. Wir schwammen regelrecht in Gedankenmeeren – heiter, unbeschwert.

Alles schien möglich.

Wir schauten mit Zuversicht in die Zukunft.

Eifrig erklärte ich meiner Familie meine neuen "Ausflüge" in die Esoterik.

»Man mag über diese Dinge denken, wie man will – ein jeder kann nur für sich selbst sprechen und meine guten Erfahrungen mit dem Weg nach Innen basieren sicher auch darauf, daß ich das Ganze nicht überkritisch hinterfrage, sondern einfach anwende. Wir alle wissen, daß es etwas gibt zwischen Himmel und Erde, was die Menschen sich nicht wissenschaftlich erklären können. *Ich* will das auch gar nicht, sondern mir meinen Glauben daran bewahren, ja – diesen festigen.«

Zu meinem Leben gehören zum Beispiel zwischenzeitlich die Steine. Ich kaufe mir immer dann einen Stein, wenn ich wieder einen »Knoten« in mir spüre, etwas, was nicht gelöst ist. Dann stehe ich vor der Vitrine in unserem Reformhaus, lasse die bunte Farbenpracht der Steine auf mich wirken und nehme mir dann genau den Stein, der mich spontan anspricht. Wenn ich dann zu Hause in meinem Steinbuch nachschlage, ist es genau der Stein, der für mein »ungelöstes« Problem steht.

Zu meinem neuen Weg gehören auch die Bach-Blüten, die mir bei Ausbruch der Krankheit so sehr geholfen haben, den Schock zu überwinden, wieder Kraft zu schöpfen und offen zu werden für Neues, ohne in der Vergangenheit zu »erstarren«.

Zu meinem neuen Weg gehört ebenfalls Silvia, eine Wegbegleiterin, die ich immer dann besuche, wenn die Bewältigung eines neuen Themas ansteht.

Reinhard wirkte nachdenklich.

»Die Themen sind mir zwar fremd, aber wenn sie dir helfen, dann finde ich das gut.«

»Das freut mich, Reinhard, aber du weißt, daß auch ich mit gesundem Menschenverstand an die Sache herangehe. Es gilt, ›vorsichtig‹ zu sein.

Nicht allen glauben, die sich auf dem Esoterikmarkt tummeln. Wie überall gibt es auf diesem Markt große Kapazitäten, aber auch Scharlatane.«

Man sollte bei der Auswahl seiner Begleiter sehr genau prüfen und sich nicht jedem anvertrauen. Nach meinen Erfahrungen ist es vor allem bedeutsam, daß eine Gleichwertigkeit und »Partnerschaft« zwischen dem Therapeuten und dem Klienten besteht. Ich habe mir bei meinem Weg nach Innen vorgenommen, viel zu lernen und mir die Unterstützung von Fachleuten unter dem Motto »Hilfe zur Selbsthilfe« einzuholen. Dabei hat mir die Auseinandersetzung mit Spezialisten dazu verholfen, meinen Weg *alleine* weiterzugehen.

Wir beendeten wieder einen Abend in nachdenklicher Atmosphäre. An diesem letzten Tag im Dezember hatte ich mich entschlossen, wenn möglich auch noch Yoga-Lehrerin zu werden.

Ein Jahr neigte sich seinem Ende zu. Das neue begrüßte uns schon, von den Bewohnern unserer kleinen Stadt durch ein lautes Feuerwerk angekündigt.

Wir grüßten herzlich und erwartungsvoll zurück!

Selig ist der Mensch,
der mit sich selbst im Frieden lebt.
Es gibt auf Erden kein größeres Glück.

Matthias Claudius

XVIII

Februar 1994

Die Wochen des neuen Jahres verflogen. Jeder von uns hatte reichlich zu tun.

Reinhard hatte begonnen, Spanischunterricht zu nehmen, um sich noch mehr mit seiner Wahlheimat verbunden zu fühlen. Träumt er doch davon, irgendwann dort zeitweise mit uns zu leben.

Simons Freundschaft mit Rudi wurde so unzertrennlich, daß er oft ganze Nachmittage bei seinem Freund verbrachte.

So hatte ich viel Zeit für meine Aktivitäten.

Die benötigte ich auch.

Vor allem meine Yoga-Übungen und die Beschäftigung mit Reiki forderten ihre tägliche Zeit.

Ich hatte seit Monaten den Kopf reichlich mit esoterischem Wissen gefüllt, vieles praktisch angewandt und wollte eigentlich mit dem zweiten Reiki-Grad noch einige Zeit warten. Andererseits war der Wunsch, diesen Grad zu erwerben, groß genug.

So sprach ich mit Silvia darüber. Sie sagte, daß bald ein Reiki-II-Seminar stattfände und es wären noch Plätze frei. Reiki II ist eine Steigerung von Reiki I, und so war ich sehr gespannt darauf.

Nach einigen Wochen, es war Februar geworden, spazierte ich erneut an einem Samstagmorgen durch die verschneiten Gassen meiner Heimatstadt zur Praxis von Silvia, um in zwei Tagen den Grad zu erwerben.

Ich hatte beschlossen, in diesen zwei Tagen meine »Seele baumeln« zu lassen, mich einfach dem Neuen hinzugeben, zu fühlen und weniger zu denken.

Anders als beim ersten Reiki-Grad empfand ich sehr klar, was diesmal geschah. Ich fühlte mich stark, ungewöhnlich hellsichtig, voller Selbstvertrauen und im Frieden mit mir und der Welt.

Während der Energieeinstimmung sah ich schöne Bilder. Beim ersten Bild sah ich, wie in meinem Körper Wirbel um Wirbel eine (Wirbel-)Säule entstand. Sie war so stark, daß sie keiner mehr brechen konnte.

Beim zweiten Bild sah ich Schilfgräser am nahen Ufer des Meeres, die sich leise im Wind bewegten, das Licht der Sonne spiegelte sich darauf. Ich weiß noch, daß ich mich von diesem Bild getragen fühlte und Lust empfand, mich vom Leben tragen zu lassen, mich ihm zu überlassen, voll Vertrauen – wie dieses Schilf in seiner anmutigen Bewegung im Wind.

Und im dritten Bild sah ich eine Lichtsäule, die von der Taille bis zum Kopf reichte, sich nach oben erweiterte und in hellem Schein öffnete. Ich fühlte mich offen für das Leben, und mir wurde klar, daß Reiki zu meinem neuen Leben gehörte.

Am Ende des Seminars bat ich Silvia, noch ein paar Minuten bleiben zu dürfen. Sie nahm sich Zeit für mich. Ich hatte mir in den Pausen die Aura-Soma-Fläschchen[1] angesehen und wollte mir an diesem besonderen Tag eines schenken. Immer wieder wanderte mein Blick zu einer Flasche, ganz in Blau.

Wir standen vor dem Glasständer mit unzähligen wunderschönen, bunten Fläschchen, liebevoll angeordnet. Die Farben funkelten wie Juwelen und leuchteten mir entgegen. Ich war fasziniert.

Silvia erklärte mir nun diese Fläschchen, die »Balance-Fläschchen« heißen.

»In diesen Glasfläschchen siehst du Essenzen von Pflanzen, Mineralien, klare und farbige Öle, die auf allen Ebenen des Menschen, auf die Harmonisierung der Chakren, die körperliche und seelische Verfassung wirken.«

---

[1] Aura-Soma: Diese Öle werden direkt auf den Körper aufgetragen – auf die beeinträchtigte Körperregion oder auf die Stelle, die von einem Aura-Soma-Berater empfohlen wird, z. B. auf Chakren.

Für mich war das Verrückte, daß sich jeweils zwei verschiedene Flüssigkeiten in diesen Fläschchen befanden, die untere Schicht war von der oberen getrennt. Meist waren die Farben der beiden Schichten verschieden. Manchmal war eine Hälfte klar, die zweite farbig. Einige Fläschchen waren auch einfarbig.

»Diese Flaschen mit ihren Ölen und Pflanzenextrakten bezaubern wohl die meisten Menschen.«

»Welches Fläschchen spricht dich an?« fragte Silvia. »Das blaue«, entgegnete ich ganz spontan. »Die sogenannte Friedensflasche«, lachte Silvia. Ich sah sie erstaunt an. Immer wieder das Wort FRIEDEN, das mir begegnete.

»Die Anwendung dieser Essenz bewirkt, daß du, Elisabeth, deinem inneren Frieden immer näher kommst.« Die »Friedensflasche« soll den Kontakt zum wirklichen inneren Frieden herstellen. Sie ist eine stark weibliche Energie. Sie hilft bei Angst vor dem Unbekannten und verschafft uns Zugang zu unserer tiefen Intuition und zur »Kraft der Stille«. Sie unterstützt und öffnet uns für Dinge, die kommen.«

»Das ist wunderbar«, dachte ich.

Nach diesem Wochenende fühlte ich mich sehr ausgeglichen und offen. So wollte ich jetzt einen weiteren großen Schritt in ein »neues Leben« tun. Ich meldete mich zum Seminar »Lebensberater« an.

*Die Krankheit geht, wenn sie
ihren Zweck erfüllt hat.*

Paracelsus

XIX

Gute Untersuchungsergebnisse

Völlig überrascht spürte ich in diesen Tagen wieder Schmerzen. Die letzten Monate hatte ich meine Krankheit körperlich kaum wahrgenommen.

Sicher: Immer wieder hatte ich Termine in der Klinik, erhielt die nötigen Injektionen für die Hormontherapie, aber in der übrigen Zeit arbeitete ich vorrangig an den seelischen Ursachen meiner Krankheit.

Deshalb bekam ich Angst, als ich eines Morgens mit ungewohnten Schmerzen im Rücken erwachte, die von meiner mit der Metastase befallenen Rippe ausgingen. Sie waren ständig zu spüren wie ein andauerndes Ziehen am Rücken, das anhielt. Die ersten Tage war ich deprimiert, voller Unsicherheit.

Ich hatte doch so viel getan – *für* diese Krankheit, für mich.

Ich bemühte mich, gedanklich ruhig und konstruktiv mit den »neuen« Schmerzen umzugehen.

Mit Reinhard sprach ich darüber: »Vielleicht will mir dieser Schmerz sagen, daß ich auf mich aufpassen muß?« fragte ich meinen Mann bei einem Spaziergang durch den winterlichen Park.

»Du beschäftigst dich intensiv mit allerlei Dingen«, überlegte Reinhard. »Ich frage mich, ob dir die Esoterik wirklich so viel bedeutet. Oder benutzt du sie auch als Flucht, weil Du nicht mehr in deinem Beruf arbeitest?« Er schaute mich lange an.

»Innerhalb der ganzheitlichen Therapie, die ich anwende, tut mir die Esoterik gut«, erklärte ich ihm. «Aber natürlich wünsche ich mir, irgendwann einmal wieder zu arbeiten. Ich muß nicht unbedingt in meinen alten Beruf zurückkehren, möchte jedoch gerne wieder mit Menschen zu tun haben.«

»Wir haben uns so viel mit der ›Macht der Gedanken‹ beschäftigt«, überlegte Reinhard, »und du hast für dich schöne Ziele gefunden. Denke nur an deine Yoga-Ausbildung und den Lebensberater-Kurs.

Du weißt, daß die individuelle Energie das Leben bedeutet, Elisabeth. Das habe sogar ich verinnerlicht. Du hast es in der Hand, ob du gesund weiterlebst oder ob du dich durch destruktive Gedanken und Ängste geistig und körperlich schwächst.«

Ich war ganz überrascht über Reinhards Worte, der nun herzlich lachte:

»Du schaffst es, Elisabeth. Diese Schmerzen könnten Dich warnen, *nicht* von deinem Weg abzukommen.«

»Du magst recht haben«, antwortete ich nun lebhaft.

»Außerdem habe ich erst kürzlich den zweiten Reiki-Grad erhalten, und ich weiß, daß durch diese Erfahrung Vergangenes nochmals lebendig werden kann.«

Gemächlich marschierten wir weiter. Ich genoß es, allein mit meinem Mann zusammen zu sein, seine Anwesenheit zu spüren, seine Zuneigung.

Das gab mir Kraft und half mir gegen die Angst.

Wenige Tage später waren Untersuchungen fällig, und ich war besorgt, man könnte wieder etwas finden.

Mein Professor schlug vor, nochmals ein Knochenszintigramm anfertigen zu lassen, ebenfalls eine Lungenaufnahme, um bei eventuell negativem Verlauf meiner Krankheit weitere Therapien anzugehen.

Die Tage vor dem Untersuchungstermin waren für mich entsetzlich. Tagsüber war ich sehr müde und abgespannt, von Schlafen war keine Rede. Ich traute mich nicht, darüber nachzudenken, was wäre, wenn mein Krankheitsbild sich nicht zumindest stabil gehalten hätte. Dabei dachte ich an meine Rippe; rief mir jedoch immer wieder ins Bewußtsein, daß meine Blutwerte, wie die monatlichen Routineergebnisse zeigten, sich gut entwickelten.

An einem – zu allem Überfluß – naßkalten Morgen war der Zeitpunkt der Untersuchung gekommen.

Wenige Sekunden – die Zeit der Aufnahme – sollten mir nun Klarheit über den Stand meiner Krebskrankheit verschaffen. Ich erinnerte mich an die erste Untersuchung, wie ich damals anschließend am Bildschirm meine Aufnahme betrachtet hatte – mit dem sehnlichen Wunsch, in einem Jahr keine Metastasen mehr zu sehen.

Der Arzt spürte wohl meine innere Spannung und gestattete mir, mit ihm zusammen das Ergebnis zu begutachten.

Das war nicht möglich!

Nichts war zu sehen auf dem Computer, der eine Aufnahme meines Skelettes zeigte.

Nichts! Keine Narbe, keine Verknorpelung, nichts war zu entdecken. Unablässig schaute ich auf das Bild – fassungslos.

»Es ist keine Spur von Krebs mehr in Ihrem Knochengerüst, das Knochenszintigramm läßt keinen metastasenverdächtigen Knochenbauvorgang mehr erkennen, keine Anzeichen, die auf diese Krankheit hinweisen.« Der Mann strahlte über das ganze Gesicht.

Ich dankte in diesem Moment innerlich Gott für dieses »Wunder«!

Mein Wunsch, daß alle sichtbaren Anzeichen der Krankheit verschwinden sollten, war in Erfüllung gegangen!

Das Ergebnis der Lungenaufnahme sollte ich wenige Tage später erfahren. Meine Familie und ich, wir waren sehr glücklich über den Befund des Knochenszintigramms, und *glücklich* erschien ich auch wieder in der Klinik, um weitere Ergebnisse zu erfahren.

Bei der Lungenaufnahme war zu sehen, daß eine weitere Remission eingetreten war. Die Aufnahme ließ lediglich an einer kleinen Schattenpartie erahnen, wo die Metastase sich vorher befunden hatte. Der Professor und ich betrachteten gemeinsam diese Aufnahme, und der Arzt erklärte trocken:

»Ein Befund, der zufriedenstellt!«

»Bin ich nun wieder ganz geheilt?« fragte ich gespannt.

Er erwiderte sachlich: »Nein, noch kann von keiner vollständigen Heilung gesprochen werden, denn die Krebszellen leben etwa *zwei weitere* Jahre im menschlichen Körper, können sich jederzeit wieder aktivieren.

Sie sollten unter *keinen* Umständen in Ihr ›altes Leben‹ zurückgehen, Sie *müssen* ohne Streß leben. Ich kann mich nur wiederholen: Leben Sie so angenehm wie möglich.

Ich schlage vor, die Hormontherapie fortzusetzen. Mir ist die Gefahr eines Rückfalls zu groß, das Krebswachstum könnte erneut beginnen.

Sie erhalten wie bisher eine Injektion pro Monat. Außer Kontrolluntersuchungen sind keine weiteren Therapiemaßnahmen notwendig.

Der Verlauf Ihrer Krankheit ist wirklich sehr, sehr positiv.«

Jetzt, nachdem ich die körperliche Seite meiner Krankheit im Griff hatte, ging es an die viel größere Aufgabe, an die Heilung der Seele. Ich konnte es kaum erwarten, mit der Ausbildung zur Lebensberaterin zu beginnen, für mich sollte das eine »Therapie für Geist und Seele« werden.

Meine innere Anspannung wuchs, war fast unerträglich. »Wie geht es weiter mit mir? Halte ich durch? Was wird aus meinem Leben?« Es war eine ungewohnte und noch nie dagewesene Situation für mich, nicht zu wissen, was kommen sollte. Hatte ich doch mein Leben immer geplant, überschaubar gestaltet, Ziele gehabt und verfolgt. Und jetzt? Ich war einfach noch nicht in der Lage, in die Zukunft zu blicken. Ich brauchte noch Zeit, viel Zeit.

Langsam löste ich mich aus der selbstgewählten Isolation. Ganz vorsichtig tat ich wieder Schritte hinaus in die »Welt«. So freute ich mich sehr über eine private Einladung des für das Personalwesen zuständigen Vorstandsmitglieds. Er hatte mich in den letzten Monaten bei vielen Telefongesprächen immer wieder ermutigt, an meine Gesundheit zu denken. »Jetzt haben Sie ein so gutes Ergebnis, setzen Sie das nicht leichtsinnig aufs Spiel, und zerbrechen Sie sich nicht den Kopf, was aus Ihrer beruflichen Situation wird«, ermahnte er mich. Die Gespräche mit ihm hatten viel bewirkt. So konnten Vertrauen, Geduld und Gelassenheit in mir wachsen.

Ich spürte, wie meine Leidenschaft zum Unternehmen ganz plötzlich wieder aufflammte. Ich stellte mir vor, wie es wäre, wieder dabei zu sein und an großen Projekten mitzuarbeiten. Doch meine innere Stimme sagte nein. »Da gehörst du jetzt nicht hin. Haben dir die beiden Krebserkrankungen nicht ausgereicht?«

»War ja auch nur so ein Gedanke.«

Seinem Herzen glauben,
zumal wenn es erprobt ist:
Dann versage man ihm nicht das Gehör,
da es oft das vorherverkündet,
woran am meisten gelegen.
Es ist ein Haus-Orakel.

Balthasar Gracian

XX

März 1994

Kurze Zeit später brachte mir mein Mann eine interessante Botschaft. Er berichtete, daß der für mein ehemaliges Aufgabengebiet zuständige Vorstand mich gerne einmal sprechen wollte.

Plötzlich war die berufliche Vergangenheit wieder gegenwärtig. Meine Erfolge, die interessanten Menschen, die Erinnerung an die Genugtuung, die ich stets hatte, wenn mir ein Projekt gelungen war.

Und nun wollte der Vorstand mit mir sprechen.

Ich wußte nicht den Grund der Unterredung, als ich nach vielen Monaten wieder vor dem großen Gebäude stand, in dem ich so viele Jahre meines Lebens mit Liebe und Engagement gearbeitet hatte.

Ich hatte mich bewußt leger gekleidet, trug eine Jeans und einen meiner Lieblingspullover. Nicht aus Provokation, sondern weil ich mich in dieser Kleidung sicherer fühlte. Meine Kostüme waren mir fremd geworden.

Mit gemischten Gefühlen betrat ich die Firma. Als mir die ersten ehemaligen Kollegen zufällig begegneten, mich überrascht, aber herzlich grüßten, war die Umgebung, die Atmosphäre des Hauses sofort wieder vertraut.

Ich spürte, daß die anderen sich ehrlich freuten, mich wiederzusehen. Das tat mir wohl. Von meiner Krankheit sprach keiner von ihnen. Ich hatte jedoch keine Angst vor eventuellen Fragen.

Ebenfalls herzlich empfing mich die Sekretärin meines Vorstands. Sie meldete mich sogleich an, und der Direktor kam mir mit ausgestreckten Händen entgegen.

Als wir in seinem Büro Platz genommen hatten und mit Getränken versorgt waren, schilderte ich ihm ausführlich meine Situation und meine Überlegungen, mich wegen ärztlicher Bedenken beruflich zurückzuziehen.

Aufmerksam hörte er sich meinen Bericht an und erzählte dann seinerseits von Vorhaben, die ihm sehr wichtig waren, die er gerne realisieren wollte. Er hatte große Pläne. Er beteuerte, mich in all den Monaten vermißt zu haben, denn er schätze mein Können, ebenso meine Person.

Dann erfuhr ich, daß ein sehr interessantes, großes Projekt geplant war und ich – seiner Meinung nach – dafür *die* geeignete Person war.

»Es handelt sich um die Entwicklung eines geschäftspolitisch sehr wichtigen Projektes und dessen Umsetzung in der Organisation. Sie sind qualifiziert und erfahren genug, um dieser Anforderung gerecht zu werden. Der Projektbeginn wäre frühestens in einem halben Jahr, wahrscheinlich Ende des Jahres. Sie haben also Zeit, sich in Ruhe zu entscheiden. Ich würde es außerordentlich begrüßen, wenn Sie sich *für* diese Aufgabe entscheiden könnten.«

Ich war verblüfft.

Nachdem ich mich innerlich weitgehend von meinem Beruf distanziert hatte, mich von vielem, was mir an meiner Arbeit teuer war, seelisch getrennt hatte, bot mir dieser Mann nun eine sehr verlockende berufliche Herausforderung.

Daheim führte ich lange Gespräche mit Reinhard und Lena über sein Angebot.

Lena, die von meinem Beruf keine Ahnung hatte, erklärte spontan, daß ich auf keinen Fall zusagen sollte, denn dadurch würde ich von meinem neuen Weg abkommen.

»Ich könnte auf freiberuflicher Ebene arbeiten«, argumentierte ich. »So ein Projekt ist irgendwann realisiert. Das heißt, ich könnte einen Zeitvertrag abschließen.

Außerdem kann ich mir vorstellen, daß ich auch zu Hause an den Konzeptionen arbeiten kann.«

»Ich hätte gleich abgesagt«, antwortete Lena trotzig.

»Dazu hat sie einige Monate Zeit«, erklärte nun Reinhard. »Und in diesen Monaten beginnt ihre Ausbildung in Yoga und die als Lebensberaterin.«

»Aber ihr Arzt hat ihr verboten, wieder zu arbeiten«, schimpfte Lena. »Sie ist nicht vollständig geheilt!«

Lenas Worte stimmten mich nachdenklich.

»Die Versuchung ist groß für mich«, gab ich zu. Es würde mir schwerfallen abzulehnen, aber wenn ich den Preis bezahlen müßte, wieder krank zu werden – nein. Dann lockt mich auch nicht der Traumjob meines Lebens.«

»Wer weiß, ob das dein Traumjob wäre«, entgegnete meine Freundin.

»Jedenfalls ist es ein wunderbares Gefühl, gefragt zu sein.«

»Das bist du auch ohne Job!« bestätigte mich Reinhard.

Ich entschloß mich, die Yoga-Ausbildung abzuwarten, bevor ich eine definitive Entscheidung treffen würde. Bis dahin hätte ich auch die ersten drei Seminarblöcke für die Ausbildung zur Lebensberaterin besucht. So ließ ich also das »lockende Angebot« zunächst einmal ruhen.

Das Unternehmen hatte eine magische Ausstrahlung auf mich. Es war ein wunderbares Gefühl, wieder Angebote zu erhalten, obwohl das Risiko bekannt war, das eine Krebskranke mit sich bringt. Dadurch hat mir mein Vorstand viel gegeben. Er sah nur meine Stärke – nicht meine Krankheit. Das gab mir Selbstvertrauen.

Betrachte einmal die Dinge
von einer anderen Seite,
als Du sie bisher sahst;
denn das heißt,
ein neues Leben beginnt.

Mark Aurel

XXI

Ausbildung zur Lebensberaterin

Inzwischen war es Frühling geworden, die Natur zu neuem Leben erwacht, und ich fuhr im April nach Laax in die Schweiz, wo mein erster Ausbildungsabschnitt zum Lebensberater stattfand.

Ich war voll Spannung und Freude. Ein neuer Lebensabschnitt sollte beginnen.

Ich war bereit, mich mit unbekannten Themen offen und ehrlich auseinanderzusetzen.

»Die meisten Menschen wollen vor allen Dingen beruflich erfolgreich werden, aber ein wirklicher Erfolg ist der Beruf nur, wenn er auch Erfüllung bringt, wenn er zur Berufung wird.« Das waren so ziemlich die ersten Worte von Kurt Tepperwein. Wir waren sofort mitten im Thema. Aufmerksam folgte ich den Ausführungen. »Ich hoffe sehr, daß das der wahre Grund ist, weshalb Sie hier sind. Vielleicht hat Ihnen Ihr Verstand einen anderen Grund gegeben, vielleicht hat er gesagt, ich möchte meine Therapiemöglichkeiten abrunden. Das sind äußere Gründe. Innendrin aber sind Sie hier, weil das *Selbst* Sie hierher geführt hat, weil es an der Zeit ist, sich an sich selbst zu erinnern, an den Menschen, der Sie wirklich sind.«

Beim Abendessen lernten wir uns näher kennen. Wir waren eine buntgemischte Truppe von Suchenden aller Altersklassen. »Warum bist du hier?« war die gängigste Frage beim guten Schweizer Essen. »Ich habe Eheprobleme, mein Mann will mich nach 25 Jahren Ehe verlassen«, sagte Heidi, eine Frau, die nochmals ganz von vorne anfangen wollte. »Ich schaffe es!« sagte Sabine, ein junges, zartes Mädchen, das laut ärztlicher Prognose nur noch wenige Monate zu leben hatte. Sie litt an Leukämie.

Ich bewunderte, mit welcher Energie sie gegen die Krankheit kämpfte. Sie wird es schaffen, dachte ich, die Kraft in ihr spürend.

Alex wollte das Seminar nutzen, um als selbständiger Verkaufstrainer noch erfolgreicher zu sein. Da wollte ganz schön was bewegt werden!

Am nächsten Morgen fanden wir uns alle im Seminarraum wieder. »Wenn Sie wirklich Sie SELBST sind, schwinden Ihre Probleme, Sie haben weniger Fragen und Sie werden wahrscheinlich auch nicht mehr krank«, führte Kurt Tepperwein aus. »Und wenn wieder mal eine Botschaft (z. B. eine Krankheit) kommt, dann, wenn Sie etwas übersehen haben, verstehen Sie die Botschaft. Tun Sie, was zu tun ist, und die Dinge kommen wieder in Ordnung.« Ich stimmte ihm innerlich zu. Tun, was zu tun ist, das wollte ich!

»Unsere Aufgabe liegt heute darin, daß wir beginnen, stimmig zu leben. Im Großen und im Kleinen!«

»Du hast nicht immer stimmig gelebt«, meldete sich meine innere Stimme einmal wieder. »Weiß ich, weiß ich, aber so einfach ist das nicht, immer nur das zu tun, was für mich stimmig ist. Wie kann ich stimmig sein, wenn ich in einer großen Gemeinschaft arbeite und oft fremdbestimmt werde?« verteidigte ich meine alten Verhaltensweisen.

»Jeder hat einen individuellen, ganz persönlichen Lebensweg, dem er folgen muß«, fuhr der Seminarleiter fort.

Ich wollte meinen Weg finden! Meine Ungeduld stieg von Stunde zu Stunde. Ich hatte das Gefühl, daß mein innerer Vulkan demnächst zum Ausbruch kommen würde. Ich stand an einer Wegkreuzung und suchte den richtigen Weg. Wo war er? »Wenn du dein Ziel nicht kennst, brauchst du erst gar nicht den Weg suchen«, belehrte mich mein Über-Ich.

Ja, das war mein großes Problem. Wenn ich meinen Beruf aufgeben mußte, dann fehlte mir das Ziel. Wenn ich gewußt hätte, was die Zukunft bringen würde, wäre mir die berufliche Entscheidung leichter gefallen. Ich konnte nicht weitergehen, weil ich mein Ziel nicht kannte.

Stehenbleiben? War das die Alternative, fragte ich mich. Nein. Ich beschloß, Geduld mit mir zu haben. Vielleicht war ich noch nicht reif für eine neue Aufgabe. Vielleicht mußten die Wunden erst noch heilen. »Gib dir Zeit – du hast alle Zeit, die du brauchst«, tröstete ich mich. Ein Jahr wollte ich mir Zeit lassen, um zu suchen und zu finden. Soviel Zeit hatte ich auch gebraucht, um den Krebs zurückzudrängen. Meine Seele brauchte die gleiche Zeit, um zu heilen.

Am Abend, ich hatte das Fenster geöffnet und hörte das laute Rauschen des Gebirgsflusses, saß ich still an meinem Tisch und atmete die klare Bergluft ein. Mein Bergkristall, der ständig bei mir war, begleitete mich bei meiner Meditation. Ich bat um innere Führung für mein weiteres Leben.

Die Stille tat gut, beruhigte den Geist, der sich fast ununterbrochen mit der Frage beschäftigte: »Was wird nur aus meinem Leben?« Während ich still dasaß, kamen Gedanken, klar und wegweisend.

Ich wollte meine Abschlußarbeit (Voraussetzung für die Erlangung eines Diploms als Lebensberater) als Buch schreiben. »Wissen Sie, Diplomarbeiten verstauben nur in unseren Archiven«, hatte auch der Seminarleiter bemerkt. »Sie müssen Bücher schreiben, wenn Sie was zu sagen haben!« Klar, diesen Gedanken hatte ich ja auch schon früher. Doch jetzt war mein Entschluß endgültig.

Und dann wollte und will ich helfen! Viele Menschen erreichen, die in ähnlicher Situation sind wie ich. Ihnen Mut machen, Wege aufzeigen, Denkanstöße geben, wie sie ihre körperliche und seelische Krankheit meistern können.

Das ist eine wundervolle Aufgabe. Dann hat alles seinen Sinn gehabt. Spät in der Nacht schlief ich ein und träumte von einem neuen Leben, einem erfüllten Leben.

Jeder Mensch hat einen inneren Raum,
der eine nur ihm zugängliche Wahrheit birgt.

Roland Leonhardt

XXII

April 1994

Lena überfiel mich am Morgen meiner Rückkehr aus der Schweiz. Sie, die Langschläferin, freute sich auf ein gemeinsames Frühstück. Wie immer, wenn ich ausgeflogen war, um Neues zu entdecken, konnte sie es kaum erwarten, meinen Erfahrungsbericht zu hören.

»Wie war's? Ich habe dich so beneidet um dieses Seminar, am liebsten wäre ich mitgefahren. Erzähl doch, was hat es für dich gebracht?«

»Viele tiefe Einsichten, Stoff zum Nachdenken ...« Ich sprudelte nur so, wo sollte ich anfangen und wo aufhören.

»Wenn ich das Resümee des ersten Seminarblocks ziehe, dann ist für mich das Wichtigste, mich selbst zu finden, die Verantwortung für mich zu tragen und mein Schicksal selbst zu gestalten. Zugegeben, das klingt sehr pauschal, aber ich habe mir einige sehr konkrete Dinge vorgenommen. Ich möchte offen sein, bereit sein, Veränderungen geschehen zu lassen. Ich möchte *achtsam* sein, erkennen, daß Streß, Ärger und auch Wünsche Botschaften sind, die mir sagen, daß ich noch nicht ich *selbst* bin.... Ich möchte *beharrlich* sein. Dem Menschen wäre nichts unmöglich, hätte er die Beharrlichkeit, sagt ein chinesisches Sprichwort. Nicht aufgeben, an mich glauben und meine Ziele nicht aus den Augen verlieren – und mich von nichts und niemanden einschränken oder aufhalten lassen.«

»Na dann viel Vergnügen«, meinte Lena.

Abends freute ich mich auf Reinhard. Er war ebenfalls am Wochenende unterwegs gewesen, auf einem betrieblichen Seminar.

»Wie war's bei dir?« fragte ich ihn gespannt.

»Ganz gut.«

»Da ist doch was, ich spüre es an deiner Stimme.«

»Ja«, sagte er nachdenklich.

»Mir ist etwas Eigenartiges passiert. Als sich bei unserem Seminar alle Teilnehmer kurz vorstellten, die meisten berichteten über ihren beruflichen Werdegang, über ihre Familie und über ihre Hobbys, da habe ich gesagt, daß meine Frau an Krebs erkrankt ist und daß sich unser Leben verändert hat. Weißt du, was da passiert ist? Betroffenes Schweigen unter den Teilnehmern! Sie schauten verlegen weg, nicht ein einziger sprach mich in der Pause an, wie es dir geht, obwohl sie dich doch alle kennen als Kollegin, als Bekannte.«

»Es ist doch so, daß Krebs ein Tabuthema ist. Man spricht nicht darüber.«

Ich verstehe das auch heute noch nicht. In unserem Freundeskreis haben wir von Anfang an über die Krankheit geredet. Unsere Freunde haben die Angst davor verloren, und wir können gemeinsam lustige Abende ohne das »Krankheitskapitel« verleben. Ebenso habe ich zu meinen ehemaligen Mitarbeitern ein völlig normales Verhältnis. Aber für viele Menschen ist das Gespräch über Krebs ein Problem, so ist das – leider.

»Und was hast du erlebt?« Reinhard war gespannt auf meine Erlebnisse während des Seminars. Ich redete ohne Ende.

»Eine Sache war irre. Stell dir vor, wir machten eine Übung. Das Ziel war, einen Gedanken in der linken Gehirnhälfte, sie steht für den rationalen Bereich, zu erfassen und dann den Gedanken auf die rechte Gehirnhälfte, auf den emotionalen Bereich, zu übertragen und umgekehrt. Dabei ist mir folgendes passiert: Ich erfaßte den Gedanken auf der linken Seite des Gehirns, doch als ich ihn auf die rechte Seite bringen wollte, war er plötzlich weg. Er kam auch nicht wieder. Dann erfaßte ich einen neuen Gedanken auf der rechten, emotionalen Seite und dabei sah ich ganz wundervolle Bilder. Ich sah das Meer, Sandstrände und mein neues Arbeitszimmer zu Hause. Als ich den Gedanken auf die rationale Seite übertragen wollte, sah ich eine große Mauer mit einem Torbogen, durch den die Wassermassen drängten.

Doch die Öffnung reichte nicht aus für das riesige Meer. So wurden Mauer und Tor niedergerissen, und das Meer konnte in die

Weite fließen. Als ich den Seminarleiter fragte, was das zu bedeuten hätte, sagte er: ›Ihre Aufgabe ist es, Mauern einzureißen, damit ein gemeinsamer Nenner entstehen kann‹.«

Mit dem »gemeinsamen Nenner« hatte ich Probleme. Für mich gab es oft nur schwarz und weiß. In den letzten Monaten, als ich noch arbeitete, versuchte ich, in meinem Job die Dinge zu rational anzugehen, dabei war meine wirkliche Stärke die Leidenschaft, Projekte mit Begeisterung umzusetzen und Mitarbeiter zu motivieren, ihre Stärken auszuleben. Zu oft hatte ich meine Gefühle verdrängt. Ich rief mir deshalb die Notwendigkeit ins Gedächtnis zurück, meine rationale und meine emotionale Seite, meine männliche und weibliche Seite, in mir zu verbinden; ich hatte das Alte mit dem Neuen zu vereinigen.

›Ja, es gibt für mich noch viel zu tun‹, dachte ich.

Die nächsten Tage verliefen nachdenklich. Das Seminar hatte mich wachgerüttelt.

Der monatliche Krankenhaustermin stand an, und ich hatte mir vorgenommen, den Arzt zu fragen, ob es noch notwendig sei, die Therapie fortzusetzen. Die Antwort hätte ich mir auch denken können.

»Wir können und dürfen die Therapie jetzt nicht unterbrechen. Es könnte einen Rückfall geben«, erklärte mir mein Arzt zum wiederholten Mal. Ich bereute, ihn gefragt zu haben. Die Krebskrankheit scheint wohl wie eine Glut zu sein, die sich sekundenschnell wieder zu einem großen Feuer entfachen kann, wenn nur wenige Tropfen Öl hineingeschüttet werden. Das hatte ich endlich zu kapieren! Ich muß ein Leben lang achtgeben, ärztlichen Anweisungen folgen, meine "Hausaufgaben" erledigen, meinem Ernährungsplan treu bleiben, meine Vitamine nehmen und einfach glücklich sein, wenn ich meine gesundheitliche Situation stabil halten will.

Am nächsten Morgen fiel mir mein Rosenquarz aus der Tasche und zerbrach in zwei Stücke. Ich hatte diesen Stein lange getragen, um Blockaden aufzulösen und mich besser anzunehmen, wie ich bin, ja, mich selbst zu lieben.

Ich war in den vergangenen Jahren sehr streng zu mir gewesen, hatte mir Höchstleistungen abverlangt und mir keinen, auch noch so kleinen Fehler verziehen. Ich war zu mir wie ein strenger Vater, der nur tadelt und nie lobt. Ich wollte endlich »gut« zu mir sein, meine Stärken ausleben und mir bewußt machen, daß es im Leben kein »falsch« und kein »richtig« gibt. Es gibt nur das »So sein«. Bei dieser Aufgabe hat mir der Rosenquarz geholfen. So traurig ich über sein Zerbrechen war, so sehr glaubte ich an das Zeichen, daß ich diese Aufgabe gelöst hatte. Wieder ein Schritt voran – ein Erfolg! Ich liebe den Erfolg!
In den Nachrichten hörte ich, daß Jackie Kennedy an Krebs gestorben ist. Die Ärzte konnten nichts mehr für sie tun. Ich habe sie sehr verehrt. Ich bekam Angst, Ohnmacht befiel mich. Es gibt Situationen im Leben, da ist jede Hilfe umsonst. Dem Tod kann man nicht entrinnen.

Trotz meiner positiven gesundheitlichen Entwicklung beschäftigte ich mich mit der Möglichkeit des Sterbens. Ich wünschte – und tue es noch -, keine Angst zu haben und jeden Tag so zu leben und ihn zu genießen, als sei es der letzte Tag. Wie kostbar ist unsere Zeit und wie sinnlos verschwenden wir sie oft.

Laut las ich das Lieblingsgedicht von Jackie:

Und jetzt ist die Reise zu Ende.
Sie war zu kurz, viel zu kurz.
Aber sie war voller Abenteuer und Weisheit,
Lachen und Freude, Höflichkeit und Grazie.

Ja, ich mache aus meinem Leben ein erfülltes Leben. Innerlich war ich wieder unruhig, hatte Schweißausbrüche, fühlte mich schlapp. Fast wie in den Wochen nach Ausbruch der Krankheit. Manchmal überfielen mich Zweifel, ob ich das neue Leben schaffen würde. Wenn ich nicht diese vielen Aktivitäten gehabt hätte, die Ausbildung zur Lebensberaterin und Yoga, weiß ich nicht, was mit mir geschehen wäre.

Ein wenig hilflos klammerte ich mich an die schönen Dinge, die kommen sollten, und war sehr froh, daß sich der nächste Ausbildungsabschnitt »Lebensberater« ankündigte.

Ich hatte große Sehnsucht nach einer Herausforderung, die mich *erfüllte*. Daher arbeitete ich intensiv an meinem, an diesem Buch. Die ganzen Monate hatte ich fast täglich Aufzeichnungen in mein Tagebuch geschrieben. Mir war das sehr wichtig, denn ich wollte eines nicht, wieder so schnell vergessen wie damals, als ich Brustkrebs hatte.

Wenn ich am Buch arbeitete, tat das Eintauchen und Wiedererleben des vergangenen Jahres weh. Aber das war auch gut so. Ich mußte mich immer wieder daran erinnern, wie alles entstanden war und was ich mir versprochen hatte: mich zu verändern und glücklich zu leben.

Mir war in all den Monaten bewußt geworden, daß der Krebs wiederkommt, wenn ich es nicht schaffen sollte, mein Leben neu zu orientieren. Ich hatte den Krebs als »Lehrmeister« und »Steuermann« akzeptiert. Doch ich wünschte mir so sehr, daß ich diese Lehre nicht mehr brauchte. Ich wollte mein Leben selbst meistern!

Deshalb las ich auch viel in dieser Zeit. Vor allem über östliche Weisheiten wollte ich lernen, meinen Körper, meine Seele und meinen Geist gesund zu erhalten.

Ein weiterer Schlüssel dazu sollte – gleichgewichtig neben der Ausbildung zur Lebensberaterin – die Ausbildung zur Yoga-Lehrerin während eines vierwöchigen Aufenthalts in einem Ashram[1] sein. Dabei war mir klar, daß ich Yoga nicht als Beruf ausüben werde. Yoga verstehe ich als inneren Reinigungsprozeß für Körper, Geist und Seele. Yoga ist mein Lebenskonzept geworden.

---

1 Ein Ashram ist ein Zentrum für religiöse Studien und Meditation.

Blick in Dich!
In Deinem Inneren ist eine Quelle,
die nie versiegt,
wenn Du nur zu graben verstehst.

Mark Aurel

XXIII

Juli 1994

Ich sprühte vor Begeisterung, als ich wieder in die Schweiz fuhr, zum zweiten Ausbildungsblock »Lebensberaterin«. Am meisten interessierten mich diesmal die Ausbildungsinhalte »Die Botschaft meines Körpers« und die »Sprache der Symptome«.

Während des Seminars war ich sehr unruhig. Wieder standen Entscheidungen an, es ging immer noch um meine berufliche Zukunft.

Als wir aufgefordert wurden, Fragen zu stellen, mußte ich mein brennendes Anliegen: »Wie soll es in meinem Berufsleben weitergehen?« einfach loswerden.

Der Ausbildungsleiter testete die einzelnen Fragen ab.

»Ja, Sie werden ein Buch schreiben.«

»Ja, Sie werden eine gute Lebensberaterin werden.«

»Aber das will ich doch gar nicht! Das ist es nicht!«

Ich schilderte kurz meine Situation, meine bisherige Tätigkeit als Produktmanagerin, meine Krankheit.

»Ja, bei Gedanken an Ihren bisherigen Beruf fließen starke Energien, das ist es, ganz klar ...«

Am Nachmittag behandelten wir das Thema Krankheit. »Krebs ist die rote Karte, danach kommt der Tod«, bewegt hörte ich diese Warnung. Ich notierte mir, daß jede Krankheit ein Ausdruck des Körpers für ungelöste Probleme ist, daß eine Krankheit uns schmerzhaft ins Bewußtsein bringt, was bei uns nicht in Ordnung ist. Daß es sinnvoll ist, die Krankheit anzunehmen, um mit ihrer Hilfe zu einem höheren Bewußtsein zu gelangen. Die Krankheit selbst zeigt uns in großer Deutlichkeit, was zu tun ist, um wieder »heil« zu werden.

»Wir müssen uns einmal bewußt machen, daß trotz des enormen Aufwandes, den die Mediziner betreiben, die Menschen immer kränker werden. Noch in keiner Zeit der Menschheitsgeschichte wurde dem Körper so viel Aufmerksamkeit geschenkt, so viel Geld ausgegeben für Gesundheit.

Eigentlich müßte in unserer Zeit ein Kranker eine seltene Ausnahme sein. Aber wir wissen, daß die Wirklichkeit anders aussieht«, erfuhr ich.

Aus eigener Erfahrung konnte ich dies bestätigen. Das Schwierigste für einen Kranken besteht darin, die »Störungen« in seinem Leben zu finden und auszuräumen. Bei dieser Aufgabe sind viele kranke Menschen alleine. Sie werden zwar bedauert und geschont, aber oft auch isoliert. Die Ärzte decken ihren Bereich ab, das heißt, die Verbesserung oder Heilung des lokalen Krankheitsherdes, aber wer kümmert sich um die Seele des Patienten?

Auf der Suche nach Heilung brauchen Menschen Denkanstöße. Es gibt so viel Hilfe, zahlreiche Möglichkeiten, um den Körper *und* die Seele zu heilen.

Wie war das bei mir? Es waren meine Familie und meine Freunde, die mir immer wieder einen Anstoß gegeben haben. Ingrid, die mich mit den Steinen, den Bach-Blüten und der Kinesiologin bekannt gemacht hat. Sie war es auch, die sich immer dann meldete, wenn ich wieder eine »Blockade« hatte und nicht weiterkam. Sie hat ein sicheres Gespür, einen »Siebten Sinn«, wenn es um das Aufspüren meiner Probleme geht. »Da mußt du mal hinschauen«, ist eine ihrer gängigsten Aussagen.

Oder Lena, die in vielen Gesprächen meine Bereitschaft förderte, »in mich reinzuhören und meine innere Stimme sprechen zu lassen«. Susanne, die mir den Kontakt zu dem Vater unserer Kollegin, den erfahrenen Arzt im Ruhestand, vermittelte, und natürlich mein Mann, der mich bei allen meinen Vorhaben uneingeschränkt unterstützte.

Diese Überlegungen stärkten meine Absicht, meine Erfahrungen für andere Menschen zu öffnen. Dabei dachte ich weniger an

Einzelberatungen, nein, ich wollte diese Informationen zahlreichen Menschen weitergeben, zum Beispiel über dieses Buch. Kranken, die Hilfe suchen, aber auch Menschen, die über den Sinn ihres Lebens nachdenken, rechtzeitig die Weichen stellen wollen und denen der schwere Weg über eine Krankheit erspart bleiben soll.

Oder Manager, die in ähnlicher Situation leben und arbeiten wie ich in meinen letzten Berufsjahren. »Was ist der Sinn des Lebens?« fragen sich viele von ihnen. »Lohnt sich der große Einsatz? Ist der Preis, den ich zahle, nicht zu hoch? Gehe ich richtig mit meinem Beruf um, so, daß er mich stärkt und nicht schwächt?«

Ich ging früh in mein Zimmer an diesem Abend. Ich wollte nochmals in mich gehen. In der Meditation sah ich wieder Bilder, die ich als Antworten auf meine Fragen deutete.

Als erstes Bild sah ich meine persönliche Situation – ein hilfreiches Buch wird entstehen.

In einem zweiten Bild sah ich eine Großveranstaltung mit vielen Menschen am Meer in herrlicher Umgebung, ein kleines Paradies auf Erden.

Am nächsten Morgen die obligatorische Frage, ob vom Vortag noch Fragen offen geblieben waren.

»Ja«, rief ich. Der Seminarleiter blickte mich erstaunt an und fragte: »Welche?«

»Was wird aus meiner beruflichen Situation?«

»Das ist doch völlig klar.«

»Für mich ist das nicht klar!» erwiderte ich ungeduldig.

»Wollen Sie es wissen?«

»Ja, bitte, ja ...«

»Dann will ich es Ihnen sagen. Managerin. Das ist es. Sie hatten ja andere Probleme, aber der Beruf an sich liegt Ihnen. Das können Sie. Also, Sie haben drei Möglichkeiten. Erstens: Sie managen sich selbst, wenn Sie das wollen. Zweitens: Sie ›coachen‹ mich, oder drittens: Sie arbeiten auf Teneriffa an der neuen Akademie. Da haben Sie alles, wonach Sie sich sehnen. Das kleine Paradies am Meer, nette Leute und eine erfüllende Aufgabe.«

Ich war angenehm überrascht. Es gab wundervolle Aufgaben für mich. War das alles ein Traum?

Wieder auf der Autobahn, träumte ich den neuen Traum und verpaßte dabei erst einmal die Abfahrt nach Deutschland. Ich glaube, ich wollte gar nicht nach Hause an diesem Abend. Ich wollte weiterträumen – ohne Ende.

So kam ich recht spät heim, und meine Familie war schon leicht beunruhigt. Als ich Reinhard strahlend begrüßte, sah er an meinem Gesichtsausdruck, daß wieder etwas Außergewöhnliches passiert sein mußte.

»Jetzt weiß ich wieder weiter!« brach es aus mir heraus. »Ich habe eine tolle Zukunft!«

»Hast du das eigentlich gewußt, daß du so stark bist?« fragte mich Reinhard, nachdem er von der Neuigkeit gehört hatte.

»Ja, gespürt habe ich diese Stärke in mir immer wieder, doch bisher hatte ich Angst, sie auszuleben.«

»Warum eigentlich?« fragte Reinhard ungläubig.

»Um nicht aufzufallen, um anderen nicht im Wege zu stehen, um andere größer erscheinen zu lassen, habe ich mich oft »klein« gemacht. Mein wahres Selbst unterdrückt. Warum? Um dazuzugehören, nicht ausgeschlossen zu sein und nicht als »Konkurrentin«bekämpft zu werden.«

An diesem Wochenende war etwas geschehen, was mein Leben nochmals verändert hat. Von da an glaubte ich fest an eine glückliche Zukunft. Ich hatte mich entschieden, frei zu sein. Die Begrenztheit abzustreifen und zu meinen Stärken zu stehen. Ich wünschte, niemand sollte mehr Macht über mich haben.

Ich war froh. Genoß das Erlebte und ließ mich treiben. Nur gelegentlich spürte ich Zweifel aufkommen an meinem neuen Weg und hatte das Gefühl, etwas zieht mich in die »alte Welt« zurück.

Die Krankheit war fast »vergessen« und hin und wieder dachte ich: »Ich ziehe jetzt einfach mein Kostümchen an und gehe an meinen alten Arbeitsplatz zurück.« So wie damals nach meiner Brustkrebsoperation. Als wäre alles nur ein böser Traum gewesen.

Die »alte« Elisabeth, die Karrierefrau, kam wieder durch, die Seite in mir, die ein Jahr lang gänzlich vernachlässigt worden war. Sie stellte jetzt plötzlich wieder Forderungen, wollte ihre Bedürfnisse ausleben, wieder anerkannt sein und erfolgreich agieren.

Doch was sagte meine innere Stimme dazu? »Achte auf deine Gesundheit, werde nicht leichtsinnig, setze deine positiven Ergebnisse nicht aufs Spiel. Laß dich nicht täuschen. Laß dir Zeit. Prüfe genau, bevor du dich in ein neues Abenteuer stürzt. Triff jetzt noch keine Entscheidung.«

Ich war sehr froh über diese innere Botschaft, nahm sie voller Vertrauen an und spürte, daß ich »geführt« wurde.

In den Ferien machte Simon in einer Kindergruppe noch seinen ersten Reiki-Grad. Er war danach wie aufgedreht, redete, lachte, redete ... Es hat ihm gutgetan. Ich freute mich sehr, daß mein Kind diesen Weg ging. Möge ihm das Reiki in seinem Leben viel Freude bereiten und ihm helfen, wo es nötig ist.

Die Schulferien neigten sich ihrem Ende zu, und für mich begannen die Vorbereitungen für die nächsten fünf Wochen, die ich ohne meine Familie erleben sollte. Zuerst das Wochenende in der Schweiz zum dritten Ausbildungsblock der Lebensberater-Schulung und von dort aus direkt nach Scheffau in Österreich in den Ashram. Zum ersten Mal so lange getrennt von meinem Kind! Das tat weh. Konnte ich das verantworten? Ich wußte aber, ich mußte das tun, mußte einmal egoistisch handeln. Reinhard versprach, sein Bestes zu geben, und auch Lena wollte sich um Simon kümmern. So konnte ich beruhigt reisen.

Ziel des Lebens ist Selbstentwicklung.
Das eigene Wesen
völlig zur Entfaltung zu bringen,
das ist unsere Bestimmung.

Oscar Wilde

XXIV

August 1994

Als ich mich von meiner Yoga-Lehrerin verabschiedete, hatte sie mich eindringlich angesehen, mit einem leichten Lächeln auf dem Gesicht, und gesagt: »Viel Glück. Die Zeit wird Sie verändern. Oh, was wird aus Ihrer Ehe werden? Wissen Sie, auf was Sie sich da eingelassen haben?«

Ich lächelte, ohne zu antworten. Ich wußte! Meiner Ehe passiert nichts, davon war ich überzeugt. Sie würde auch diese Veränderung überstehen. Wir sind ein gutes Team, Reinhard und ich.

Überrascht war ich, als auch Reinhard vor meiner Abreise einen entsprechenden Kommentar abgab.

»Elisabeth, du weißt, ich unterstütze dich sehr. Wenn du aber als eine andere zurückkehrst, dann habe ich damit Probleme. Laß dich bloß nicht umkrempeln!«

Er hatte also Angst vor Veränderungen. Ich konnte das verstehen, doch ich konnte und wollte unter keinen Umständen das Rad zurückdrehen. Nein, meine Überlebenschance war nur die, mich selbst zu finden und nach vorne zu blicken.

Sollte ich meinem Mann zuliebe wieder in meine alte Haut schlüpfen? Natürlich war ihm die alte Elisabeth vertrauter. Wir leben seit 20 Jahren in einer harmonischen Ehe, haben viele gemeinsame Interessen und hatten den Großteil unseres Berufslebens in der gleichen Firma verbracht. Ich war für meinen Mann »kalkulierbar«. Mein Beruf erfüllte mich. In der Firma war ich gut aufgehoben. Wir hatten dadurch eine breite Gesprächsbasis. Und jetzt waren meine Themen andere.

Ich merkte, wie Reinhard zunehmend ungeduldiger reagierte, wenn ich immer wieder meine Zukunft und die damit verbundenen Fragen nach Ausstieg oder Rückkehr in meinen Beruf diskutierte.

Wenn ich eine Entscheidung getroffen hatte, sollte ich möglichst dabei bleiben und sie nicht wieder in Frage stellen.

Manchmal glaubte ich, daß es meinem Mann am liebsten gewesen wäre, wenn ich an meinen alten Arbeitsplatz zurückkehrte. Dann hätte alles wieder seinen gewohnten Lauf nehmen können. »Ich spüre doch, wie sehr du noch an deinem Job und am Unternehmen hängst. Und jetzt, mit deinem neuen Bewußtsein, kannst du die Dinge gelassener sehen«, meinte Reinhard nach einer mal wieder langen Nacht mit vielen Gesprächen über Wenn und Aber.

Ich verspürte immer mehr den Wunsch, Reinhard auf meine Seelenreise mitzunehmen. Ihn, der sich in den letzten Jahren, ähnlich wie ich, verhärtet hatte. Wo war sein Charme geblieben, seine fröhliche Art, die ich so sehr an ihm geliebt hatte? Für ihn gab es nie ein Problem, das sich nicht lösen ließ. Er führte sein Leben – unser Leben – mit Ausgeglichenheit und Lebensfreude. Das war immer unsere Stärke gewesen. Er konnte mich mitreißen, aufbauen, wenn ich niedergeschlagen war, mir Mut machen, wenn ich das Gefühl hatte, eine berufliche Herausforderung nicht zu schaffen. Und jetzt? Seine Gesichtszüge hatten an Weichheit verloren. Er hatte ganz schön »zugemacht«. Mein Verstand sah das ja alles ein. Doch meine Seele hatte große Sehnsucht nach der Zeit, als es noch anders war. Mir wurde bewußt, daß mir Reinhard in so vielen Dingen beistand, aber für meinen Seelenfrieden nicht viel tun konnte. Er kämpfte an seiner Front und ich an meiner.

Es wurde mir immer klarer, daß ich für mich allein die Verantwortung trage. Andere haben keine Schuld an meinem Schicksal, und andere können auch nicht meine Tränen weinen. Sie können mich auch nicht heilen, das kann nur ich selbst.

Vor der anstehenden langen Reise hatte ich das große Bedürfnis, doch noch klare Verhältnisse mit meinem Arbeitgeber zu schaffen.

So schrieb ich einen Brief an meinen Vorstand und teilte ihm mit, daß ich mich entschieden hatte, dem ärztlichen Rat zu folgen und auf absehbare Zeit nicht mehr in mein »altes Berufsleben« zurückzukehren.

Der Zeitpunkt für diese Entscheidung war günstig, denn ich erhoffte mir von den nächsten Wochen im Ashram inneren Frieden.

Während ich den Brief formulierte, Tränen in den Augen – denn es gab danach kein Zurück mehr, dieser Brief hatte etwas Endgültiges –, lief mein Berufsleben nochmals wie ein Film vor meinen Augen ab.

Wie schön war die Zeit, wie erfüllt. Sollte das jetzt wirklich zu Ende sein? Damals, als ich mit großen Firmen bundesweit ein gemeinsames Konzept einführte ... Oder als ich eine neue Abteilung aufbaute und leitete. Ich schwelgte in guten Erinnerungen. Ich hatte beim Aufbau der Abteilung großen Wert darauf gelegt, Menschen mit den unterschiedlichsten Stärken zu gewinnen. Wir waren ein gutes Team. Wir waren sehr verschieden, was uns verband, war das gemeinsame Ziel. Wir haben uns viel abverlangt und sind dafür belohnt worden – durch Freude und Begeisterung an der Arbeit und durch Erfolg bei unseren Projekten.

Diene, liebe, gib,
reinige, meditiere, verwirkliche.

Swami Sivananda

XXV

September 1994

Wieder in der Schweiz zum dritten Ausbildungsblock Lebensberater und anschließend gleich weiter nach Scheffau in Österreich zur Yoga-Lehrerausbildung. Mir war wehmütig zumute. Der Abschied von Simon und meinem Mann war mir doch recht schwer gefallen. Simon war tapfer beim Abschiednehmen, er weinte nicht einmal, sondern lächelte mich an, winkte mir zu. Er machte mir alles leicht.

Nun hatte ich fast fünf Wochen vor mir, die mir ganz allein gehörten. Eine große Chance.

Ich hatte bereits gelernt, daß mein Schicksal nur ein Spiegelbild meines Denkens, Fühlens und Handelns ist. Ich hatte begriffen, daß ich meine Gedanken und Gefühle verstehen lernen mußte, um meine eigene Bestimmung zu erkennen und zu verwirklichen.

Die Atmosphäre des letzten Lebensberater-Seminars bewirkte bei mir, daß ich offen wurde, Vorurteile ablegte, mich treiben ließ und Gedanken und Fragen unvoreingenommen zuließ. Die Frage nach meiner wahren Lebensaufgabe beschäftigte mich fast ununterbrochen. Ich gehöre zu der Minderheit der Krebspatienten, die einen positiven Krankheitsverlauf haben. Daß ich dazugehören durfte, betrachtete ich als ein Zeichen, das konnte nicht nur Zufall sein. Ich hatte und habe deshalb das Gefühl, daß ich noch eine Aufgabe in meinem Leben erfüllen darf. Ich war innerlich bereit, meine Bestimmung anzunehmen.

Nach einem wiederum erfüllten Seminartag zog ich mich in die Stille zurück. Man muß frei sein, seine Gedanken anhalten, sich öffnen, um Botschaften zu empfangen. Zwei klare Antworten zeigten sich. *Negative Energien auflösen und nicht mehr dort sein, wo ich nicht hingehöre.*

Offen für ein weiteres Kapitel in meinem Leben, ging es weiter nach Scheffau in Österreich. Am Fuße des »Wilden Kaiser«, eines atemberaubenden Gebirgsmassivs, lag der »Leiterhof«, der mich die nächste Zeit beherbergen sollte.

Ich war entzückt von der herrlichen Landschaft und gespannt auf die Menschen, die aus aller Welt hierher gekommen waren, um sich vier Wochen lang intensiv dem Thema Yoga zu widmen. Wir waren eine große Familie mit über 80 Teilnehmern.

»Yoga weist einen Weg, Kräfte auf der physischen, mentalen, esoterischen Ebene freizusetzen, innerlich frei zu werden, sich selbst und seine eigene Wahrheit zu finden, die Herrschaft über den GEIST zu gewinnen. Dieser Prozeß führt sowohl zur seelischen als auch zur körperlichen Gesundheit.«

Als ich dies während meiner Vorbereitung für den Aufenthalt im Ashram las, kam mir erneut ins Bewußtsein, daß die moderne Medizin zwar zahlreiche Krankheiten bezwingt, unser heutiges, stressiges Leben jedoch immer wieder neue Krankheiten hervorbringt. Eine klassische, medikamentöse Behandlung beseitigt sicher rasch die Symptome, aber was ist mit der Ursache? Yoga bietet durch seine Übungen die Möglichkeit, zur Gesundung von Körper und Seele erheblich beizutragen.

Mir war schnell klar geworden, daß ich, um meine kontinuierliche Entwicklung zu fördern, nicht wieder mit Yoga aufhören dürfte wie vor Jahren, kurz nach der Geburt meines Sohnes. Rasch war damals wieder vieles verloren gegangen; im Bewußtsein, aber auch in der körperlichen Gewandtheit.

Wie meist, wenn ich las, lag mein Schreibbuch in meiner Nähe und ich griff zum Bleistift, um einige Gedanken zu notieren: »Es ist schon eigentümlich. Wenn ich auf mein Leben zurückblicke, waren immer die Entscheidungen die richtigen, die ich mit dem Herzen traf.

Entscheidungen des Verstandes bewirkten oft, daß sich Unsicherheit in mir breit machte. Ich hatte manchmal das Empfinden, von mir selbst getrennt zu sein ...«

Ich machte mir selbst Mut und schrieb Maximen für mein künftiges Leben nieder.

»Verliere nie Dein Selbstvertrauen – Du kannst alles erreichen in diesem Universum. Laß nicht nach. Alle Kräfte gehören Dir.«[1]

»... Entwicklung ist das große Ziel.

Der Kampf ist die große Lektion.«[2]

»Nicht ständig über schwierige Situationen nachzugrübeln, sondern an Lösungen zu denken und zu handeln, läßt mich an Stärke und positivem Lebensgefühl gewinnen.«

»Das ganze Geheimnis der Existenz besteht darin, keine Furcht zu haben. Fürchte nie, was aus Dir wird.«[3]

Basis des Yoga sind Gewaltlosigkeit und Wahrhaftigkeit. Yoga hilft, sich selbst zu erkennen und zu entwickeln. Die Philosophie, Meditation, Mantras und Ethik des Yoga sind sozusagen »Werkzeuge«, um eine unbeschreibliche innere Kraft und Zufriedenheit zu gewinnen.

Ich hatte keine zielgerichtete Erwartung an die Yoga-Ausbildung, war aber sehr gespannt. Ich wußte einfach, daß ich dazugehöre und daß Yoga mein Lebenskonzept wird. Von dieser inneren Klarheit ließ ich mich leiten.

Unsere Unterkünfte waren bescheiden. Ich fand die Erfahrung, wieder »einfach« zu leben, den gewohnten Luxus zu entbehren, ganz heilsam. Ich wollte wissen, ob ich überhaupt noch in der Lage war, ein ganz anderes Leben zu führen.

Als wir dann alle unsere »Uniform« – eine weiße Yogahose und ein gelbes Shirt – erhielten und auch tragen mußten, legte ich die wenigen schicken Sachen, die ich mir doch eingepackt hatte, etwas wehmütig in die hintere Ecke meines Schrankes. Schick sein war hier wohl nicht angesagt.

[1–3] Swami Vivekananda, Vedanta, Wien, 1993

Unser Tagesprogramm war vielseitig. Wir wurden jeden Tag um 5.30 Uhr geweckt. Ab 6.00 Uhr fanden wir uns zu Meditation, Singen, Vortrag zusammen. Darauf folgten ab 8.00 Uhr Asanas (Körperübungen) und Pranayama (Atemübungen). 10.00 Uhr Brunch. 11.00 Uhr Karma Yoga (Selbstloser Dienst). Die Mittagszeit war ab 12.00 Uhr der Bhagavad Gita (der heiligen Schrift der Hindus) gewidmet, 14.00 Uhr Hauptvortrag. 16.00 Uhr Asana und Pranayama. Um 18.00 Uhr gab es Abendessen. Von 20.00 bis 22. 00 Uhr beschlossen wir den Tag mit Meditation, Singen und Vortrag.

Ich gewöhnte mich schnell an den Internatscharakter, den strengen Tagesrhythmus und ungern auch an nur zwei Mahlzeiten am Tag, streng vegetarisch.

Etwas Besonderes waren für mich die täglichen Vorträge über die Philosophie des Yoga.

»Beginnt den spirituellen Pfad mit offenem Geist, frei von Vorurteilen und mit der Sehnsucht zu lernen«, begrüßte uns der Leiter des Kurses. Er war Italiener, katholisch, hatte seine Karriere als internationaler Anwalt aufgegeben, um Swami (Angehöriger des ältesten Mönchsordens Indiens) zu werden.

Die große spirituelle Kraft hinter den Yoga-Zentren ist Swami Sivananda (1887 – 1963). Er war Arzt und stellte während seiner Berufstätigkeit fest, daß den Menschen zur körperlichen und seelischen Gesundheit vor allem das rechte Wissen fehlte. Deshalb sah er die Verbreitung dieses Wissens als seine Mission an. Dieser Doktor für Körper und Seele verzichtete auf seine Karriere als Arzt und nahm ein Leben der Entsagung auf sich, um die Seele der Menschen zu behandeln. Seine Lehre zusammengefaßt: Diene, liebe, gib, reinige, meditiere, verwirkliche.

Sein langjähriger Schüler, der Swami Vishnu-Devananda (1927 – 1993), wurde in den Westen geschickt, um Yoga dort bekanntzumachen. Er hat sich Zeit seines Lebens für den Weltfrieden eingesetzt und wurde als der »fliegende Swami« bekannt, als er mit einem kleinen Flugzeug über die Berliner Mauer flog oder über Belfast Blumen abwarf.

Seine Botschaft hatte die Erhaltung des Friedens, das gegenseitige Verstehen und die universelle Bruderschaft zum Inhalt.

Diese großen Ziele sprachen mich sehr an. Frieden zu erhalten und den Menschen zu dienen. Ich empfand sie wie eine persönliche Botschaft. Ein Samenkorn war in die Erde gelegt.

In vier Wochen praktizierten wir die verschiedenen Yogaarten und lernten ihre Wirkungen kennen. Swami Vishnu-Devananda hatte die alte Weisheit des Yoga in fünf Grundformen zusammengefaßt:

1. Richtige Körperübungen (Asanas)

2. Richtige Atmung (Pranayama)

3. Richtige Entspannung (Savasan)

4. Richtige Ernährung (Vegetarisch)

5. Positives Denken und Meditation (Vedanta und Dhyana)

Unser Tag begann mit der morgendlichen Meditation. Für mich ein täglich neues Abenteuer. Meditation dient bekanntlich dazu, den Geist zur Ruhe zu bringen und in die Stille zu gehen. Dabei hatte ich große Schwierigkeiten. Ich war sehr überrascht, welche Vielfalt von Informationen mir mein Geist sandte.

Meine Gedanken liefen ab wie ein Film, und unzählige Male erlebte ich mein vergangenes Berufsleben von A bis Z. Ich war noch nicht frei von der Vergangenheit. Diese Erlebnisse machten mir klar, wie sehr ich von meinen Gedanken »fremdgesteuert« wurde. Manchmal machte ich mir den Spaß, die vorbeiziehenden Gedanken zu bewerten. Oh, da war viel Überflüssiges, Unwichtiges und Vergangenes dabei. Es ist schade und vergeudete Zeit, sich mit Gedankengut, das im Grunde hinter dir liegt, zu belasten. Ich nahm mir vor, mich intensiver mit dem Wesen der Meditation zu beschäftigen.

Der Mensch hat nach Schätzung von Wissenschaftlern nur etwa zehn Prozent seiner Geisteskraft bewußt unter Kontrolle. Deshalb ist es von entscheidender Bedeutung, den Geist zu üben und ihn unter Kontrolle zu bringen, denn nur dadurch werden wir nicht Sklave unserer Gedanken, sondern herrschen über unseren Geist und sind frei.

Obwohl meine Kondition nicht die beste war, freute ich mich täglich auf die vier Stunden Körper- und Atemübungen. Ich fühlte mich danach immer wie neugeboren, voller Energie und Tatkraft. Die Körperübungen bringen den Kreislauf in Schwung und erhöhen die Beweglichkeit. Sie trainieren die Muskeln, Bänder und Sehnen, wirken auf das psychische Wohlbefinden und sind gleichzeitig auch geistige Übungen in Konzentration und Meditation. Bei den Atemübungen werden unsere Energiereserven freigesetzt. Ich war überrascht, welche Fortschritte ich in den wenigen Wochen machte, mein Körper wurde wieder recht beweglich. Was mir nicht gelang, war der Kopfstand. Davor hatte ich Angst. Doch irgendwann werde ich den auch noch schaffen, ich übe heute noch daran.

Nachdem wir am Morgen mit nüchternem Magen ein großes Pensum hinter uns gebracht hatten, gab es erst um 11.00 Uhr das langersehnte Frühstück. Für mich war dies die Zeit meines Karma Yoga. Ich wurde dazu eingeteilt, unseren Swamis und deren Helfern das Essen zu servieren. Eine völlig neue ungewohnte Tätigkeit für mich, die mir sehr viel Spaß machte. Durch meinen »selbstlosen Dienst« hatte ich engen Kontakt zu unseren Lehrern. Es war schon immer ein Wunsch von mir gewesen, mit solchen Menschen zusammenzusein, ihre Energie zu spüren.

In der knapp bemessenen Freizeit schrieb ich einige Briefe an Simon über das, was ich gelernt hatte. Simon interessierte sich sehr für Yoga und wollte am liebsten mit der Mama mitmachen. In einem Brief behandelte ich das Thema Yoga-Ernährung. Daß die richtige Ernährung das »Benzin« für den Körper sei.

Daß sich Yogis rein vegetarisch ernähren, also nur Pflanzen essen, die ihre Nährwerte direkt von der Sonne, der Energiequelle allen Lebens, beziehen. Daß die Ernährung eine sehr enge Beziehung zum Geist hat. Daß wertvolle Nahrungsmittel Gemüse, Früchte, Getreide, Nüsse und Milchprodukte sind und weniger gute z.B. Schweinefleisch und verkochte Speisen. Simon machte sich seine Gedanken darüber. Ab sofort aß er keinen Bissen Fleisch mehr, und mein Mann, der in dieser Zeit bei uns zu Hause kochte, hatte keine Chance, seine Fleischdosen, mit denen er sich reichlich eingedeckt hatte, an den »Mann« zu bringen.

Als ich dieses Erlebnis unserer Swami erzählte, sagte sie: »Das ist doch klar, das Kind hat deine Gedankenwellen übernommen.« Immer wieder begegneten mir Beispiele, wie stark Gedanken wirken können. Heute verstehe ich das Wort aus der Bibel »Glaube versetzt Berge« erst richtig. Aber wenn das wahr ist, dann können wir mit der Macht unserer Gedanken auch alles bewegen. Ja, ich glaube immer mehr an die Macht positiver Gedanken, sie haben mir bei der Überwindung meiner Krankheit sehr geholfen.

Swami Sivananda schreibt zu diesem Thema: »Der Mensch ist Herr seines Schicksals. Bemühe Dich um richtiges Denken und schaffe Dir ein großes Schicksal. Gedanken von Sorge und Furcht sind Feinde. Gedanken von Fröhlichkeit, Freude und Mut hingegen heilen und beruhigen. Der Gedanke wirkt Wunder.«[4]

Es war sehr befriedigend, die Yoga-Ausbildung gab mir große Sicherheit. Ich genoß jeden Tag und war dankbar für die Chance, dort zu sein. Die Wochen vergingen schneller, als ich erwartet hatte, und als ich wieder zu Hause war, fühlte ich mich voller Lebensenergie und innerem Frieden. Ich war so »eins mit mir« wie noch nie zuvor in meinem Leben. Schließlich hatte ich alle Werkzeuge in der Hand, um mich körperlich und seelisch gesund zu erhalten. Ich hatte das Gefühl, »mir kann nichts mehr passieren«.

---

[4] Swami Sivananda, Die Kraft der Gedanken, Informationsbroschüre, München

Dies über alles:
Deinem wahren Selbst sei treu.

Shakespeare

XXVI

Oktober 1994

Wieder zu Hause.

Ich genoß das Leben mit meiner Familie. Simon hatte die letzten Wochen ohne mich gut überstanden. Das hatte er sich auch ganz fest vorgenommen. Er überraschte mich mit sehr guten Schulnoten, einem ausgeglichenen und fröhlichen Wesen und – dem Kopfstand. »Den habe ich mir selbst beigebracht und die anderen Yoga-Übungen zeigst du mir bitte.« Er war so begeistert von Yoga, daß wir beide eine Vereinbarung trafen. In einigen Jahren werden wir zusammen, ich nochmals als Wiederholung, die Yoga-Ausbildung machen. Das ist ein schönes Ziel für uns beide. Simon wird die Erfahrung mit Yoga ein gutes Fundament für sein Leben geben.

Als Simon und ich durch unser Städtchen schlenderten, er durfte sich als Geschenk eine große Lego-Packung aussuchen, sahen wir vor einem kleinen Blumenladen ein schön gewachsenes Bäumchen stehen. Ich traute meinen Augen nicht. Ein richtiger Olivenbaum! Ohne lange zu überlegen, entschied ich, das ist mein Olivenbaum – ein Symbol für mein Leben. Ich schenkte ihn mir und war glücklich. Ich hatte mein Versprechen an mich gehalten.

Ich gewöhnte mich wieder schnell an den Alltag, doch es war ein anderer Alltag als bisher. Ich nahm mir täglich über eine Stunde Zeit für meine Yoga-Körper- und Atemübungen und für die Meditation. Ich tat meine Hausarbeit bewußter und mit großer Freude. Ich spürte Veränderungen in mir. Ich war froh, daß mir der »äußere Erfolg« nicht mehr so viel bedeutete, daß ich unabhängiger war, auch vom Lob anderer, daß ich mehr an mich selbst glaubte und damit freier war. »Das größte Opfer eines Menschen ist, auf die Macht zu verzichten«, hatte uns unser Swami erklärt. Auf die Macht zu verzichten, das war auch für mich bis jetzt das größte Opfer in meinem Leben, denn ich liebte den Erfolg als die verlockendste Spielart der Macht.

Wenn man sich von dem trennt, was eine große Bedeutung im Leben hatte, wird man entweder sehr unglücklich oder man wird frei. Ich habe mich für die Freiheit und für das Weiterleben unter anderen Bedingungen entschieden. Die Yoga-Lehre hat mir auch gezeigt, daß es nicht darauf ankommt, welche Arbeit wir tun. Es ist aber wichtig, daß wir unsere Arbeit bewußt tun, unser Bestes geben, ohne »verhaftet« zu sein, ohne unfrei am Erfolg zu »hängen«.

Mir war sehr bewußt, daß die Zufriedenheit meines Lebens davon abhängt, ob es mir gelingt, in meiner Mitte zu bleiben und innere Freiheit, inneren Frieden auf Dauer zu bewahren. Ich glaube an meine Chancen, meine Stärken unter anderen Voraussetzungen als bisher auszuleben.

Wir sind verantwortlich für das,
was wir sind;
denn wir haben die Macht,
das zu sein,
was wir zu sein wünschen.

Swami Vivekananda

XXVII

Dezember 1994

Die dritte Säule meiner Therapie für Körper, Geist und Seele war noch nicht gebaut. Nach Absprache mit meiner Familie beschlossen wir, dieses Kapitel nicht aufzuschieben. Reinhard und Simon erklärten sich schweren Herzens bereit, mich nochmals einige Wochen ziehen zu lassen. Mir war bewußt, daß ich meinem Mann und meinem Sohn damit viel abverlangte.

Ich wollte mich aber intensiv mit dem menschlichen Körper, der Entstehung und Behandlung von Krankheiten beschäftigen, um mich zukünftig besser schützen zu können. Dies war in einem Intensivkurs für angehende Heilpraktiker möglich. Das Seminar fand auf Koh Samui, einem kleinen thailändischen Inselchen statt. »Und über Weihnachten und Sylvester besuchen wir dich, schließlich wollen wir die Feiertage nicht getrennt verleben«, sagten die beiden, das beruhigte mich sehr.

Trotzdem war ich vor meiner Abreise voller Angst. Ich war für meine Familie nicht erreichbar. Es durfte also nichts passieren zu Hause. Zum anderen begann mit dem bevorstehenden Jahreswechsel ein neuer Lebensabschnitt für mich. Die große Aufgabe der Wiedererlangung einer guten körperlichen Verfassung war erfüllt, mein altes Berufsleben war abgeschlossen – doch die Zukunft lag unbekannt vor mir. Meine innere Ausgeglichenheit kam deshalb ins Wanken. Ich hatte Angst vor dem Unbekannten.

Ich wollte mir auf Koh Samui viel Zeit für mich nehmen, meditieren, alles Alte loslassen, mich vorbereiten auf den Neubeginn.

So sandte ich wenige Tage vor meiner Abreise den Entwurf dieses Buches »Ich habe mir einen Olivenbaum versprochen« an einige Verlage. Vielleicht war das der Neubeginn? Ich wünschte mir das so sehr.

Koh Samui, das ist ein Paradies für mich. Als ich dort ankam, hatte ich das Gefühl, schon immer da gewesen zu sein. Eine grüne Insel, nichts als Kokospalmen, weiße Strände, unendliches Meer. Schöne Menschen, lächelnde Menschen. Eine Insel voller Harmonie und Lebensfreude. Ich spürte die starke Energie und beobachtete, wie kleine Wunden an meinen Händen ganz schnell heilten. »Ja, die Insel hat eine hohe Heiler-Energie. Krankheiten heilen hier in einem Drittel der Zeit wie in Deutschland und Medikamente wirken stärker«, berichtete eine Reiki-Meisterin und Heilerin, die auch Seminare abhielt.

»Deshalb bin ich also hier – HEILUNG auf allen Ebenen«, sagte ich mir.

Wir hatten fünf Stunden Unterricht am Tag und über die restliche Zeit konnten wir selbst verfügen. Natürlich bereisten wir die kleine Insel mit ihren klaren Wasserfällen und den zahlreichen Tempelchen mit ihren wunderschönen Buddhastatuen.

Neben den vielen Unternehmungen mit netten Leuten hatte ich mein eigenes Programm. Jeden Morgen um 6.30 Uhr ging ich ans Meer, um den Sonnenaufgang zu beobachten und meine Yoga-Übungen mit Meditation zu machen. Und viele Nachmittage verbrachte ich alleine und in der Stille bei einem Tempelchen, das bald »mein« Tempelchen wurde, mit dem weißen Buddha aus Indien. Hier fand ich Ruhe.

Ich ernährte mich überwiegend von Reisgerichten und Früchten. Die frischen Ananas und Papayas schmeckten herrlich. Die Ernährung war einfach und trotzdem fantastisch. Ich hatte mich selten so gut gefühlt und nahm zudem noch einiges ab, ein erwünschter Nebeneffekt.

Als meine Familie mich zu Weihnachten besuchte, war ich happy.

Es war für sie eine Reise mit großen Hindernissen. Der Flug mußte wegen eines technischen Defekts mehrfach verschoben werden, und Simons Kinderpaß war nicht ausreichend.

Doch Gott sei Dank konnte Reinhard während der Wartezeit in Frankfurt einen Ersatzpaß besorgen. Ich wartete viele Stunden in Sorge auf ihre Ankunft. Das Wiedersehen mit eintägiger Verspätung war dann um so schöner. Reinhard war ziemlich abgespannt und hatte Urlaub dringend nötig. Eine Beinverletzung, die er sich in den ersten Tagen zugezogen hatte, schränkte seine geplanten Aktivitäten anfänglich etwas ein. Beinverletzungen sind offensichtlich seine gesundheitliche Schwachstelle.

Weihnachten und Sylvester am Meer bei strahlendem Sonnenschein, das war eine ganz besondere Erfahrung für uns. Die Weihnachtsbäumchen aus Plastik fanden wir gar nicht schön, aber damit wollte man uns Touristen eine Freude machen. Barfuß und in kurzer Hose packten wir auf unserer Terrasse die Weihnachtspäckchen aus. Simon freute sich riesig über seine Legos und ich mich über ein großes, schön verpacktes Geschenk, das mir Reinhard von meinem ehemaligen Vorstand mitgebracht hatte. Er hatte an mich gedacht? Wie schön! Gerührt nahm ich das schicke Badetuch mit Picasso-Motiv mit der kleinen Lektüre zum Schmökern zu meinem nächsten Pool-Nachmittag mit.

Auf Koh Samui fragte ich mich oft, was wohl aus Reinhard und mir werden würde. Konnte er noch wie zuvor mit mir leben, mit mir, die ich eine andere geworden und doch die gleiche geblieben bin? Kann ich noch mit ihm leben, mit ihm, der noch in seiner »alten« Welt lebt und arbeitet und sich doch verändert? Was wird aus uns? Was verbindet uns noch? Unser Wunsch, gemeinsam unter anderen Bedingungen zusammenzusein, unser Vertrauen zueinander, unser Kind, die Freude, glücklich zu leben!

Auf der Insel klärten sich meine Gedanken. Es würde sich viel verändern in meinem zukünftigen Leben. Mein Pfad ist schmaler geworden – aber intensiver.

Ich war noch nie ein Mensch der Kompromisse, doch manchmal hatte auch ich Zugeständnisse gemacht. Jetzt wird es noch weniger Kompromisse geben, ich kann nicht mehr damit leben. Ich nahm mir vor, daran zu arbeiten, nicht mehr um jeden Preis zu »klammern«, der Sicherheit und der Konvention wegen. Meine wahren Freundschaften wollte ich noch mehr pflegen als bisher und überall dort viel einbringen, wo es Gemeinsamkeiten und Liebe gibt. Denn das Wertvollste im Leben ist die LIEBE. Sie ist das große Geschenk.

Meine Aufgaben, die ich mir für die Zeit in Koh Samui vorgenommen hatte, waren getan, und so packte ich zufrieden meinen Koffer, dessen Inhalt ich mit einigen hübschen Schmuckstücken aus Halbedelsteinen und einem echten thailändischen Abendkleid aus Goldbrokatstoff mit orangefarbenen Pailletten anreicherte. Das Kleid sah traumhaft aus. Ob ich es je zu Hause tragen werde, weiß ich immer noch nicht, aber ich mußte es einfach besitzen als Erinnerung an diese Insel der Schönheit und des Lächelns.

Wenn die Seele das Eine findet,
in dem alles eins ist,
bleibt sie in dem Einen.

Meister Eckhart

XXVIII

Februar 1995

Ich sitze im Check Inn, einem netten Bistro im Münchner Bahnhof, esse »surimi«, eine Reispfanne mit Krabbenfleisch und Gemüse, eine Erinnerung an Koh Samui, und spüre, daß dieser Tag mein Leben verändern wird. Den Cappuccino mit Süßstoff genieße ich sehr, eine der wenigen Ernährungssünden, die ich mir zugestehe, wenn ein Tag ein besonderer Tag ist. Heute ist so ein Tag.

Vor einem halben Jahr saß ich an der gleichen Stelle und wartete auf die Abfahrt des Busses, der uns nach Scheffau zur Yoga-Lehrer-Ausbildung brachte. Meine Gedanken springen. Wie war das vor sechs Monaten? »Wenn ihr regelmäßig eure Yoga-Übungen macht, dann können sich schon nach sechs Monaten erste Erfolge einstellen. Es kann aber auch länger dauern. Werdet nicht ungeduldig«, prägte uns unser Swami ein. Ich beschloß damals, seinem Rat zu folgen und mich in Geduld zu fassen, was mir nicht leicht fiel. Es ist viel passiert in diesen letzten Monaten. Ich habe mich an einer Kreuzung meines Lebens für eine Neuorientierung entschieden und gehe einen neuen Weg, Schritt für Schritt, in dem Glauben, daß er mich sicher führen wird.

Meine Reise führte mich nach München, um einen Termin bei dem Verlag wahrzunehmen, der sich für mein Buchmanuskript, den »Olivenbaum«, interessierte.

Heute ist mir klar, daß dieses Ereignis nur geschehen konnte, weil ich mich verändert und meine Aufgaben gesucht, gefunden und gelöst habe. Weil ich »goldene Fesseln« aufgab, ohne zu wissen, was die Zukunft bringen würde. Etwas *Neues* kann nur entstehen, wenn wir bereit sind, das *Alte* loszulassen – bedingungslos!

Der »Olivenbaum« hat mir geholfen, mein Leben und speziell die letzten Jahre aus der Sicht des Beobachters zu sehen. Ich habe damit Abstand gewonnen. Sollte ich je wieder von meinem neuen Pfad abkommen, so kann ich selbst in meinem Buch nachschlagen und mich erinnern.

Das Leben hat mich gelehrt, zu *glauben* und nicht aufzugeben. Es ist alles immer wieder gut geworden. Ich fühle mich wieder gesund. So schaue ich voller Vertrauen in eine unbekannte Zukunft. Ich lebe im Hier und Jetzt und erlebe jeden Tag bewußt.

Meine größte Lebensmotivation ist mein Kind. Für Simon möchte ich da sein, ihn begleiten, solange er mich braucht. Für mich selbst wird es neue Aufgaben geben, die mich erfüllen und die den Menschen dienen.

Das Leben ist wertvoller geworden. Ich danke für dieses Geschenk.

Für mein weiteres Leben habe ich mir fest vorgenommen:

- Ich lebe nach den Grundsätzen der Wahrhaftigkeit, der Liebe und des Friedens.
- Ich höre auf meine innere Stimme und entscheide nach dem Herzen.
- Ich vertraue meiner Intuition.
- Ich betrachte Probleme als Aufgabe, um daran zu wachsen.
- Ich achte auf meine Gesundheit, ernähre mich richtig und pflege meinen Körper sorgsam.
- Ich gehe konsequent meinen Weg.

Ich glaube an eine glückliche Zukunft. Ich ruhe wieder in meiner Mitte und habe zu mir SELBST gefunden. Meine Entscheidung ist, frei zu sein und zu meiner Stärke zu stehen. Niemand soll mehr Macht über mich haben. Ich weiß: *Alles, was wir brauchen, liegt in uns verborgen.*

Meine persönliche Krebs-Therapie

Körper

* Brustamputation
* Hormontherapie
* Bestrahlungen
* gesunde Ernährung
* gesunder Schlafplatz
* Fasten/bzw. ein Karottensafttag in der Woche

* **Vorbereitungskurs zur Heilpraktikerin**

Seele

* Gespräche
* Reiki-Behandlungen
* Bach-Blüten
* Heilsteine
* Yoga
* Meditationen
* kinesiologische Tests

* **Ausbildung zur Yoga-Lehrerin**
* **Reiki I u. II**

Geist

* Glaube an Heilung
* neue Lebensphilosophie
* Selbsterkenntnis
* Befreiung von Ängsten, Streß, Ärger

* **Ausbildung zur Lebensberaterin**

Diät-Richtlinien

1. Bei Tumor-Patienten bestehen vielfach Stoffwechselveränderungen, die auch bei Diabetikern anzutreffen sind. Viele Ärzte sind deshalb der Auffassung, daß Tumor-Patienten sich wie Diabetiker ernähren sollten!

- 6 kleine Mahlzeiten täglich, anstelle von 3 großen
- Einschränkung der Kohlehydrate!
- Absolutes Verbot für Zucker und Süßigkeiten
- Anstelle des raffinierten Zuckers dürfen aber verwendet werden:
  - Sionon
  - Fruchtzucker
  - Laktulose
- Kein Weißbrot! Grundsätzlich nur echte Vollkornbrote!
- Kein Weißmehl! Nur ganz dunkles Vollmehl verwenden!
- Haferflocken, Weizenkeime verwenden!

2. Fette

Alle tierischen Fette sind grundsätzlich verboten, also

- keine Butter
- keine fetthaltigen Käse, nur völlig fettfreien Quark (=»Null-Stufe«)

Erlaubt sind alle Fette, die viel »hochungesättigte« Fettsäuren enthalten. Am besten geeignet sind

- Weizenkeimöl
- Distel-Öl
- Soja-Öl

Durch Erhitzen werden die wertvollen "hochungesättigten" Fettsäuren zerstört!

Als <u>Streichfette</u> nur Margarine aus den oben genannten Ölen verwenden!

3. Eiweiß

Das beliebteste Nahrungseiweiß ist das Fleisch. Für den Tumor-Patienten sind Fleisch und Wurst aber verboten, weil sie im Darm gefährliche krebsfördernde Fäulnisgifte entwickeln!
Verboten sind auch alle üblichen Käsesorten!
Erlaubt:

- Quark mit Null Prozent Fett (= »Magerstufe«)
- Dickmilch (aber nicht Joghurt), Buttermilch

Den Quark soll man (nach Dr. Budwig u.a.) mit möglichst viel Weizenkeimöl mischen und als Brotaufstrich verwenden.
Erlaubt sind SOJA-Delikatessen aus dem Reformhaus!

4. Aufbau einer Mahlzeit

- Jede Mahlzeit soll mit rohem Sauerkraut oder mit Sauerkraut-Saft beginnen. Die darin enthaltene »rechtsdrehende Milchsäure« wirkt hemmend auf alle bösartigen Zellen. **Je mehr, desto besser!**
- Zu jeder Mahlzeit auch mindestens eine große, feingehackte Zwiebel mit Essig und Öl! (noch besser ist Knoblauch!)
- Frischen, selbstgezogenen Kresse-Salat oder keimende Getreidekörner!
- Zur Regenerierung der Darmflora EUGALAN-MILCH, zubereitet aus EUGALAN forte LC (aus der Apotheke), in ansteigender Dosierung.
- Anschließend Rohkost-Salat nach Belieben.

5. Nahrungsergänzungsmittel

- Vitamin C
- Selen

Saft-Tag

Diesen Ernährungsplan ergänze ich um einen Karottensafttag in der Woche. Davon hatte ich bei einem Vortrag über die Dr.-Gerson-Therapie gehört. Er geht davon aus, daß alle Krebspatienten ein Defizit an Vitalstoffen, Nährstoffen und Sauerstoff haben.

Um dieses Defizit teilweise auszugleichen, werden frisch gepreßte Säfte verabreicht. So stelle ich aus 3 Pfund Karotten und 3 Pfund Äpfeln Saft her, das ergibt ca. 9 Gläser, die über den Tag verteilt zu trinken sind.
Am Morgen beginne ich mit einem Glas Orangensaft, danach trinke ich stündlich ein Glas Karotten-/Apfelsaft. Wenn der Hunger mal sehr groß wird, mache ich mir mittags einen Obstsalat.

Literatur

Dahlke, Rüdiger,
Krankheit als Sprache der Seele,
München, 1992

Gerson, Dr. med. Max,
Eine Krebs-Therapie,
Freiburg i.B., 1993

Hay, L. Louise,
Gesundheit für Körper und Seele,
München, 1993

Horan, Paula,
Die Reiki-Kraft,
Aitrang, 1993

Issels, Dr. med. Josef,
Mehr Heilungen von Krebs,
Bad Homburg v.d. Höhe, 1972

Lubecki, Dr. John,
Heile Dich selbst mit dem Muskeltest,
Einstieg in die Kinesiologie,
Verlag Peter Erd, München, 1995

Müller, Brigitte, **Günther,** H. Horst,
REIKI – Heile Dich selbst,
Verlag Peter Erd, München, 1993

Schaufelberger-Landherr, Edith,
Die Kraft der Steine (Band 1 und 2),
Cham, 1993

Scheffer, Mechthild,
Selbsthilfe durch Bach-Blüten-Therapie,
München, 1993
– Erfahrungen mit der Bach-Blüten-Therapie,
München, 1984

Silva, Kim da - Do-Ri Rydl,
Kinesiologie,
Das Wissen um die Bewegungsabläufe in unserem Körper,
München, 1993

Sivananda Yoga-Zentrum,
Yoga für alle Lebensstufen – in Bildern,
München 1985

Tepperwein, Kurt,
Was Dir Deine Krankheit sagen will,
München/Landsberg a.L., 1993
- Die Geistigen Gesetze,
München, 1992
- Loslassen, was nicht glücklich macht,
München, 1993

Vishnu-Devananda, Swami,
Das große illustrierte Yoga-Buch,
Freiburg im Breisgau, 1975

Vivekananda, Swami,
Vedanta,
Wien, 1993

Wall, Vicky,
Aura Soma,
Frankfurt, 1994

Willmann, Dan,
Die Goldenen Regeln des friedvollen Kriegers,
Interlaken, Schweiz, 1993

Zabel, Prof. Dr. Werner,
Die interne Krebstherapie und die Ernährung des Krebskranken,
Bad Homburg v.d. Höhe, 1990

Zett, Luis,
Das Buch der Steine,
München, 1994

Adressen, die weiterhelfen

- Gesellschaft für Biologische Krebsabwehr e.V.
  Postfach 10 25 49, 69015 Heidelberg

- Aura-Soma
  Aura-Soma Germany
  Kalkstraße 26 b, 40489 Düsseldorf-Wittlaer

- Yoga
  Sivananda Yoga Vedanta Zentrum
  Steinheilstr. 1, 80333 München

- Kinesiologie
  Deutsche Gesellschaft für angewandte Kinesiologie
  Zasiusstr. 67, 79102 Freiburg

- Bach-Blüten
  Dr. Edward Bach Centre
  German Office
  Mechthild Scheffer
  Eppendorfer Landstr. 32, 20249 Hamburg

- Erdstrahlen
  Fachschaft Deutscher Rutengänger in der Deutschen Gesellschaft für Geobiologie e.V., Radiästhesistische Ortungen
  Willi Schrobitz, Geobiologe
  Waldstr. 19, 57629 Lochum